T0107956

PROLÉGOMÈNES
À TOUTE
MÉTAPHYSIQUE FUTURE
QUI POURRA SE PRÉSENTER
COMME SCIENCE

DU MÊME AUTEUR

Anthropologie du point de vue pragmatique, traduction M. Foucault.

Abrégé de philosophie, introduction, traduction et notes par A. Pelletier.

Le conflit des facultés en trois sections (1798), traduction J. Gibelin.

Considérations sur l'optimisme, traduction P. Festugière

Critique de la faculté de juger, introduction, traduction, notes et index A. Philonenko.

Dissertation de 1770, texte latin, introduction et traduction P. Mouy, suivi de la *Lettre à Marcus Hertz*, introduction et traduction A. Philonenko.

Doctrine du droit. Métaphysique des mœurs, première partie, traduction et notes A. Philonenko.

Doctrine de la vertu. Métaphysique des mœurs, deuxième partie, traduction et notes A. Philonenko.

Essai pour introduire en philosophie le concept de grandeur négative, introduction G. Canguilhem, traduction et notes R. Kempf.

Histoire et politique : Idée pour une histoire universelle du point de vue cosmopolite, traduction G. Leroy, notes M. Castillo.

Histoire générale de la nature et théorie du ciel, introduction, traduction et notes P. Kerszberg, A.-M. Roviello et J. Seidengart.

Logique, traduction et notes L. Guillermit.

L'unique argument possible d'une preuve de l'existence de Dieu, traduction et notes R. Theis.

Manuscrit de Duisbourg (1774-1775). Choix de réflexions des années 1772-1777, présentation, traduction et notes F.-X. Chenet.

Observations sur le sentiment du beau et du sublime, introduction, traduction et notes R. Kempf.

Premiers principes métaphysiques de la science de la nature, traduction J. Gibelin.

Première introduction à la Critique de la faculté de juger et autres textes, traduction L. Guillermit.

La religion dans les limites de la simple raison (1793), traduction J. Gibelin revue par M. Naar.

Les progrès de la métaphysique en Allemagne, traduction L. Guillermit.

Projet de paix perpétuelle, texte allemand et traduction J. Gibelin.

Prolégomènes à toute métaphysique future qui pourra se présenter comme science, traduction et index L. Guillermit.

Qu'est-ce que s'orienter dans la pensée ?, traduction, commentaire, notes et index A. Philonenko, préface F. Alquié.

Réflexions sur l'éducation, introduction, traduction et notes A. Philonenko.

Remarques touchant les observations sur le sentiment du beau et du sublime, introduction, traduction et notes B. Geonget.

Réponse à Eberhard, introduction, traduction et notes J. Benoist.

Rêves d'un visionnaire, traduction et présentation F. Courtès.

Théorie et pratique. Sur un prétendu droit de mentir par humanité, traduction et notes L. Guillermit.

BIBLIOTHÈQUE DES TEXTES PHILOSOPHIQUES

Fondateur : Henri GOUHIER   Directeur : Emmanuel CATTIN

Emmanuel KANT

PROLÉGOMÈNES
À TOUTE
MÉTAPHYSIQUE FUTURE
QUI POURRA SE PRÉSENTER COMME SCIENCE

Traduction de

Louis GUILLERMIT

Introduction de

Jules VUILLEMIN

*Deuxième édition corrigée
et augmentée d'un index*

PARIS

LIBRAIRIE PHILOSOPHIQUE J. VRIN

6, Place de la Sorbonne, V e

2018

La traduction de L. Guillermit a été révisée par Elisabeth Schwartz et Jules Vuillemin. Catherine Petit a pris soin du manuscrit et Marie-Germaine Still a revu les épreuves.

Anne-Dominique Balmès a constitué l'index de cette deuxième édition.

© *Librairie Philosophique J. VRIN*, 1986

© 1993 *pour l'édition de poche*

Imprimé en France

ISSN 0249-7972

ISBN 978-2-7116-1151-5

www.vrin.fr

INTRODUCTION

Louis Guillermit est mort le 22 mars 1982. Il restera comme l'un des premiers parmi les historiens français de la philosophie. Il forma de nombreux élèves tant à Paris en classe de « Khagne » qu'à l'Université d'Aix-en-Provence.

Il a laissé parmi ses manuscrits, une traduction complète des *Prolégomènes* de Kant.

C'est cette traduction que je présente au public. Les révisions que j'ai faites sont mineures. J'ai borné à des rudiments la présentation que Louis Guillermit n'a pas eu le temps d'écrire.

I. LE TEXTE

La traduction présente a été faite d'après le texte qui figure dans l'*Akademie-Ausgabe* (Kant's Gesammelte Schriften herausgegeben von der Königlich Preussischen Akademie der Wissenschaften, Band IV, Berlin, Reimer, 1911). Les chiffres qui figurent en marge renvoient à cette édition (on suppléera partout le numéro du tome : IV).

Les références à la *Critique de la Raison Pure* que les *Prolégomènes* de Kant contiennent renvoient toutes à la première édition (A). Pour faciliter l'orientation du lecteur, on a ajouté aux chiffres de Kant la pagination de la deuxième édition (B), celle de l'*Akademie-Ausgabe* (tomes III et IV), et la pagination de la traduction de Tremesaygues et Pacaud aux Presses Universitaires de France (dorénavant indiqué TP).

Le texte ainsi choisi des *Prolégomènes* mérite une explication en ce qui concerne les pages 36-39 de cette édition, c'est-à-dire les pages 269-274 de l'*Akademie-Ausgabe*.

Dans l'édition originale des *Prolégomènes*, reproduite par l'*Akademie-Ausgabe*, les cinq paragraphes commençant par les mots « le caractère essentiel de la connaissance pure *mathématique* ... » et se terminant par les mots « ...en précisant : dans la connaissance philosophique » appartenaient au § 4. On les a placés dans le § 2 en suivant l'usage à présent commun en Allemagne. Deux arguments légitiment le déplacement de ces cinq paragraphes.

Le premier est d'ordre matériel. Sitzler a montré qu'il est probable que l'interversion s'est produite par la faute matérielle du compositeur (« Zur Blattversetzung in Kants Prolegomena », *Kant-Studien*, IX, 1904, p. 538 ; Vaihinger « Nachwort », *Ibid.*, p. 539-544).

L'autre argument regarde l'ordre des pensées[1]. 1) Les trois classes de jugements synthétiques se succèdent comme on

---

1. Vaihinger, « Eine Blattversetzung in Kants Prolegomenen », *Philos. Monatshefte*, 1879, p. 321-332 ; Vorländer, édition des *Prolegomena* dans la Dürr'sche Philosophische Bibliothek, Leipzig, 1905, p. xxxviii ; E. Cassirer, *I. Kants Werke*, Bd IV, Bruno Cassirer, Berlin, 1922, p. 530-532.

l'attend. Dans l'édition originale, la classe des jugements métaphysiques fait défaut. Or le titre du § 2 y fait référence.

2) Le paragraphe second du § 4 (une fois admise l'interversion) suit immédiatement le premier; il conduit à son terme la description du destin de la métaphysique, commencée par le premier paragraphe. Dans l'édition originale ces textes sont séparés par des paragraphes qui prennent tout leur sens au § 2.

II. Rappel de quelques circonstances historiques

Kant publie la première édition de la *Critique de la raison pure* – celle à laquelle il fait référence dans les *Prolégomènes* – en 1781. La seconde édition paraîtra en 1787.

Les *Prolégomènes*, datant de 1783, séparent donc les deux éditions.

Le 19 janvier 1782 avait paru un compte-rendu critique de la première édition de la *Critique*. Kant y fait référence dans les *Prolégomènes*, à la section intitulée « Spécimen de jugement… » (p. 156). Les auteurs de ce compte-rendu sont Garve et Feder (« Zugaben zur den Göttingen Gelehrten Anzeigen », Stück 3, p. 40-48, 372-380). La réponse de Kant est très polémique. Le compte-rendu publié à Göttingen n'est selon lui qu'une suite de contre-sens en particulier au sujet de l'idéalisme transcendantal de la *Critique*, que les auteurs confondent avec l'idéalisme dogmatique de Berkeley et avec l'idéalisme sceptique de Descartes.

Le 24 avril 1782 paraît le compte-rendu de la *Critique* par Ewald dans les *Gothaischen gelehrten Zeitungen*. Kant fait allusion à ce compte-rendu dans les *Prolégomènes*, à la section

intitulée : «Proposition pour un examen de la Critique...»
(p. 207). Il loue l'auteur pour sa pénétration et son objectivité.

La critique de Garve et Feder méconnaissait complètement l'esprit de l'idéalisme transcendantal que la première
édition de la *Critique de la raison pure* avait pourtant pris soin
de distinguer de l'idéalisme empirique (A 490-491 ; III, 338,
TP 372). Comme Kant le dit dans la note des *Prolégomènes*,
p. 200, son propre idéalisme est à l'opposé de l'idéalisme
visionnaire. Ce dernier conclut toujours à une intuition
différente de celle des sens (une intuition prétendument intellectuelle), parce qu'il ignore qu'il y a des formes *a priori* de
la sensibilité. Pour prévenir la confusion que ses critiques
avaient faite entre idéalisme transcendantal et idéalisme empirique, Kant rappelle donc le caractère formel ou critique de son
idéalisme (p. 200 *sq.*) : l'Esthétique transcendantale borne aux
formes de l'espace et du temps la possibilité de la connaissance objective. Il oppose ce caractère formel au caractère
matériel de l'idéalisme dont ses adversaires l'accusent sans
raison et il distingue deux formes de cette dernière doctrine :
l'idéalisme dogmatique de Berkeley et l'idéalisme sceptique
de Descartes. Dans la seconde édition de la *Critique de
la raison pure* (note de B 519, III 338, TP 372), Kant identi-
fiera formel et transcendantal d'une part, matériel et empirique de l'autre. Cette opposition dominera la réfutation de
l'idéalisme, où l'idéalisme dogmatique de Berkeley tiendra
désormais compagnie à l'idéalisme non plus sceptique, mais
problématique de Descartes (B 275, III 190, TP 205).

On saisit ici des nuances dans les formulations que Kant a
successivement données de sa doctrine, pour répondre à ses
critiques. Les changements apportés dans la seconde édition

de la *Critique de la raison pure* sont certainement dus, en partie, à ce motif. Le texte des *Prolégomènes* est le témoin le plus important qui nous reste des efforts faits par Kant en vue d'exprimer plus clairement et distinctement ses pensées.

III. COMMENT LIRE LES PROLÉGOMÈNES ?

Les *Prolégomènes* passent pour un ouvrage facile. La première phrase du texte devrait pourtant prévenir toute illusion qui ferait croire aux lecteurs pressés, si nombreux dans ce siècle, que la lecture des *Prolégomènes* peut dispenser de celle de la *Critique*. Kant le dit explicitement : ce petit livre est écrit pour les professeurs, non pour les élèves. Il est destiné non pas à remplacer la *Critique* par un ouvrage populaire, mais à fournir une méthode pour exposer la *Critique* d'une façon non plus simple, mais plus ramassée, en sorte de faire mieux apparaître l'architecture de l'ouvrage. Accessoirement, il s'agit d'exprimer avec plus de clarté des pensées neuves et difficiles et, comme on l'a vu, d'écarter les contre-sens captieux que rencontrera presque inévitablement un lecteur formé aux leçons peu rigoureuses de la philosophie dogmatique.

La *Critique de la raison pure* suivait une méthode synthétique. Elle montrait la possibilité des jugements synthétiques *a priori* et la limite de leur validité en la déduisant d'un principe transcendantal : l'identité de la possibilité de l'expérience et de l'objet de l'expérience. Les *Prolégomènes* suivent une méthode analytique. Nous constatons que mathématiques et mécanique font usage de jugements synthétiques *a priori*. Mais du réel au possible la conclusion est valable. On retrouvera donc par une *méthode* plus facile les problèmes de la *Critique*.

Grâce à cet artifice méthodique, on verra s'organiser avec plus de force et se détacher avec plus de distinction les parties de cette même *Critique*. On en percevra donc mieux le *plan* et, par là, la lecture de l'ouvrage fondamental s'en trouvera éclairée.

Kant n'a pas manqué d'indiquer comment il faut lire les *Prolégomènes*. Il a même renvoyé explicitement aux paragraphes de la *Critique*, dont les *Prolégomènes* sont un simple commentaire ou, mieux, auxquels ils sont une simple introduction [1].

J.V.

---

1. Louis Guillermit traduit le mot allemand *Erscheinung* tantôt par *apparition* tantôt par *phénomène*. On trouvera une justification de ce choix de traduction dans la note 19 de sa traduction des *Fortschritte*, première section (*les Progrès de la Métaphysique en Allemagne depuis Leibniz et Wolf*, Paris, Vrin, 1968 ; rééd. 1990, p. 123-124). *Apparition* est à prendre au sens de : apparition d'une comète, et non de spectre ou de vision. *Erscheinung* peut dire aussi bien l'apparition sensible que l'objet indéterminé d'une intuition empirique. *Schein* est traduit par *apparence*. *Phaenomenon*, opposé à *Noumenon*, est traduit par *phénomène* (le mot allemand est alors mis entre parenthèses). Le terme dénote l'*Erscheinung*, lorsqu'elle est pensée, déterminée et devenue proprement un objet de l'expérience.

KANT

PROLÉGOMÈNES
À TOUTE
MÉTAPHYSIQUE FUTURE
QUI POURRA SE PRÉSENTER
COMME SCIENCE

| PRÉFACE

Ces Prolégomènes sont destinés à servir non pas aux étudiants mais aux futurs enseignants, pourvu qu'ils en usent non pour organiser l'exposé d'une science déjà constituée mais pour commencer par inventer cette science elle-même.

Il est des savants qui font de l'histoire de la philosophie (tant ancienne que moderne) leur propre philosophie : ce n'est pas pour eux que les présents *Prolégomènes* ont été écrits. Il faut qu'ils attendent que ceux qui travaillent à puiser aux sources de la raison elle-même aient terminé leur tâche, et alors leur tour viendra d'instruire le monde de ce qui s'est fait. Faute de quoi, on ne peut rien dire qui n'ait déjà été dit autrefois à leur avis, et il est de fait que cela peut prendre valeur de prévision infaillible pour l'avenir; car, comme l'entendement humain a divagué de maintes façons pendant bien des siècles sur d'innombrables sujets, à peine se peut-il faire que pour toute chose nouvelle on ne trouve une chose ancienne qui ne lui ressemble en quelque manière.

Mon intention est de convaincre tous ceux qui jugent bon de s'occuper de métaphysique qu'il est absolument nécessaire qu'ils interrompent provisoirement leur travail, qu'ils considèrent tout ce qui s'est fait jusqu'à ce jour comme non avenu et qu'avant tout ils commencent par soulever la question de savoir « si décidément une chose telle que la métaphysique est seulement possible ».

Si c'est une science, d'où vient qu'elle ne peut s'accréditer de manière universelle et durable, comme les autres sciences ? Si ce n'en est pas une, comment se fait-il qu'elle ne cesse de tout faire pour avoir l'air d'une science et qu'elle nourrit **256** l'intelligence humaine d'espérances aussi | incessantes que toujours insatisfaites. Donc, que ce soit pour démontrer qu'elle sait ou qu'elle ne sait pas, il faut une bonne fois établir quelque chose de certain sur la nature de cette science prétendue, car il est impossible de demeurer plus longtemps sur le pied où nous sommes actuellement avec elle. Il semble presque ridicule, alors que toutes les autres sciences ne cessent de progresser, que dans celle qui prétend cependant être la sagesse elle-même, et dont tout homme consulte les oracles, on en reste à tourner en rond sur place, sans avancer d'un pas. Aussi ses adeptes sont-ils devenus fort rares et on ne voit pas que ceux qui se sentent assez forts pour briller en d'autres sciences veuillent risquer leur réputation dans celle où le premier venu, au reste ignorant en toutes matières, se flatte de trancher de manière décisive, parce qu'il est de fait que dans ce domaine on ne dispose encore d'aucuns poids et mesures assurés permettant de distinguer du plat bavardage ce qui est profond et solide.

D'autre part, il n'est pas tellement inouï qu'après avoir longtemps pratiqué une science, si on pense avec étonnement au progrès qui y a déjà été accompli, on finisse par se poser la question de savoir si et comment de façon générale une telle science est possible. Car la raison humaine est assez désireuse de construire pour qu'il lui soit déjà maintes fois arrivé de bâtir la tour, puis de la démolir pour voir de quelle nature pouvait bien être son fondement. Il n'est jamais trop tard pour devenir sage et raisonnable ; mais, lorsque l'enquête est tardive, elle est plus difficile à mettre en train.

Quand on se demande si une science est possible, cela implique qu'on doute de sa réalité. Or un tel doute est choquant pour ceux dont toute la richesse consiste peut-être en ce prétendu trésor ; aussi celui qui s'ouvre de ce doute peut-il s'attendre à une levée de boucliers. Les uns, fiers de leur possession ancienne et de ce fait tenue pour légitime, le regarderont avec condescendance, leur manuel de métaphysique en main ; d'autres, qui n'ont d'yeux que pour ce qui ne fait qu'un avec ce qu'ils ont déjà vu quelque part, ne le comprendront pas ; et pour un temps, tout en restera là, comme si rien ne s'était passé qui laissât craindre ou espérer une mutation prochaine.

Néanmoins, je me fais fort de prédire que le lecteur de ces Prolégomènes capable de penser par lui-même sera non seulement pris de doute sur la science qu'il pratiquait jusqu'alors, | mais par la suite pleinement convaincu qu'elle ne saurait **257** exister sans que soient satisfaites les exigences formulées dans ce livre, sur lesquelles repose sa possibilité, et que, le cas ne s'étant encore jamais produit, il n'existe encore à ce jour absolument aucune métaphysique. Cependant, comme il est certain qu'on ne cessera jamais d'aspirer à la métaphysique[1] parce

---

1. *Rusticus expectat, dum defluat amnis ; at ille*
   Labitur et labatur in omne volubilis aevum.

que l'intérêt de la raison humaine universelle s'y trouve bien trop intimement impliqué, il conviendra de l'immanquable imminence d'une complète réforme ou plutôt d'une renaissance de la métaphysique selon un plan jusqu'alors entièrement inconnu, si fortes soient les résistances qui pourront lui être opposées pour un temps.

Depuis les essais de *Locke* et de *Leibniz*, ou plutôt depuis la naissance de la métaphysique, si loin que remonte son histoire, aucun événement ne s'est produit qui eût pu être plus décisif pour la destinée de cette science que l'attaque dont elle fut l'objet de la part de David *Hume*. Il n'apporta aucune lumière en cette espèce de connaissance, mais il fit jaillir une étincelle avec laquelle on aurait pu allumer une lumière si elle avait rencontré une mèche inflammable, dont on eût pris soin d'entretenir et d'augmenter l'éclat.

Pour l'essentiel, *Hume* partit d'un concept de la métaphysique, unique mais important : celui de *la connexion de la cause et de l'effet* (par suite également des concepts qui s'ensuivent : ceux de force et d'action, etc.) et il fit sommation à la raison, qui en l'occurrence prétend l'avoir produit en son sein, de lui rendre des comptes : de quel droit conçoit-elle que quelque chose soit de nature telle que, dès lors que cette chose est posée, il faut par là même que quelque chose d'autre soit aussi nécessairement posé ; car c'est ce que dit le concept de cause. Il prouva irréfutablement qu'il est tout à fait impossible que la raison pense *a priori* et à partir de concepts une telle

« Le paysan attend que le fleuve ait fini de couler ; mais il coule et il coulera d'un cours éternel ».
Horace, *Épîtres*, I, 2, vers 42-3.

liaison, car celle-ci implique nécessité ; or il est impossible de concevoir comment, du fait que quelque chose est, de manière nécessaire quelque chose d'autre doive aussi être, et par conséquent comment peut être introduit *a priori* le concept d'une telle connexion. Il en tira la conclusion que la raison se faisait complètement illusion sur ce concept : c'est qu'elle le prenait pour son propre fils, alors que ce n'est qu'un bâtard | de l'ima- **258** gination ; celle-ci, fécondée par l'expérience, a mis certaines représentations sous la loi de l'association, et a fait passer la nécessité subjective qui en est issue, c'est-à-dire l'habitude, pour une nécessité objective résultant d'une connaissance. Il conclut de là que la raison n'avait aucun pouvoir de penser de telles connexions, fût-ce seulement dans leur généralité, car alors ses concepts seraient simples fictions, et que toutes les connaissances qu'elle prétend détenir *a priori* ne seraient que des expériences communes faussement estampillées, autant dire qu'il n'existe absolument aucune métaphysique et qu'il ne peut en exister aucune [1].

---

1. Néanmoins, *Hume* appelait métaphysique, précisément cette philosophie subversive elle-même et lui accordait une éminente valeur : « Métaphysique et morale, dit-il (*Essais*, IV⁰ partie, p. 241 de la traduction allemande) sont les maîtresses branches de la science, mathématique et science de la nature ne valent pas moitié moins. » Cet homme pénétrant voyait ici l'utilité simplement négative que présenterait la modération des prétentions abusives de la raison spéculative pour mettre un terme définitif à tant de querelles interminables et obsédantes qui troublent le genre humain ; mais, du coup, il perd de vue le réel dommage résultant de ce que la raison se trouve frustrée de ses perspectives les plus importantes, celles qui lui sont indispensables pour qu'elle puisse assigner au vouloir la fin suprême de tous ses efforts.

Sa conclusion avait beau être précipitée et inexacte, du moins était-elle fondée sur une enquête ; et les bons esprits de son temps auraient dû unir leurs efforts, car cette enquête en valait la peine, pour donner une solution plus heureuse si possible au problème dans le sens où il le formulait ; car une réforme complète de la science n'aurait pas tardé à en résulter.

Mais la destinée depuis toujours malchanceuse de la métaphysique voulut qu'il ne fût compris par personne. On ne peut sans en ressentir quelque peine considérer à quel point ses adversaires : *Reid, Oswald, Beattie*, et en dernier lieu *Priestley* laissèrent échapper l'essentiel de son problème et comment il advint qu'en ne cessant de prendre pour accordé ce que précisément il mettait en doute, tout en mettant en revanche une passion le plus souvent fort excessive à démontrer ce dont il ne lui était jamais venu à l'esprit de douter, ils méconnurent son invite à réformer, en sorte que tout en reste à l'état antérieur, comme si rien ne s'était passé. La question n'était pas de savoir si le concept de cause était exact, utile et indispensable à toute la connaissance de la nature, car tout cela, *Hume* ne l'avait jamais mis en doute ; mais il s'agissait de savoir si ce **259** concept était pensé | *a priori* par la raison et si du coup il possédait une vérité intrinsèque indépendante de toute expérience, et de ce fait une applicabilité qui s'étendit bien au-delà et qui ne fût pas restreinte simplement aux objets de l'expérience : c'est sur ce point précis que *Hume* attendait une ouverture. Il s'inquiétait uniquement de l'origine de ce concept et non pas de l'absolue nécessité de s'en servir ; cette seule question de l'origine une fois réglée, la question des conditions de son emploi et du domaine de sa validité serait allée de soi.

Mais, pour satisfaire à la question, les adversaires de cet homme célèbre auraient dû pénétrer fort avant dans la nature de la raison, en tant que celle-ci est simplement occupée de pensée pure, ce qui leur était importun. Aussi trouvèrent-ils un moyen plus commode d'en faire à leur guise sans pousser avant l'examen, à savoir l'appel au *sens commun*. Il est de fait que c'est un précieux don du ciel que d'avoir du bon sens (ou, selon la dénomination récente, d'avoir le sens commun). Encore faut-il en faire la preuve par des actes, par ce que l'on pense et dit de réfléchi et de raisonnable, mais non pas en s'y référant comme à l'oracle quand on ne sait rien alléguer de judicieux pour se justifier. Attendre d'être à bout de pénétration et de science pour faire appel au sens commun, et pas avant, c'est là une des inventions les plus subtiles des temps modernes ; elle permet au plus insipide bavard d'affronter hardiment l'esprit le plus profond et de lui tenir tête. Mais, tant qu'il subsiste si peu que ce soit d'intelligence, on se gardera bien de recourir à cet expédient. Et, à y regarder de plus près, faire ainsi appel au sens commun, cela revient à invoquer le jugement du plus grand nombre : clin d'œil dont rougit le philosophe, mais qui fait le triomphe et l'arrogance du fumiste. Je croirais pourtant que *Hume* avait autant de droit à prétendre avoir du bon sens que *Beattie*, et au surplus ce dont ce dernier manquait à coup sûr, une raison critique qui impose des bornes au sens commun pour qu'il ne prétende pas aux spéculations, ou bien, si celles-ci sont seules en cause, pour qu'il s'abstienne d'y rien décider, en raison de son incompétence à justifier ses principes : c'est à cette seule condition qu'il demeurera bon sens. Ciseau et maillet sont fort convenables pour travailler le bois, mais, pour graver sur cuivre, il faut recourir au poinçon.

Bon sens et entendement spéculatif sont utiles l'un et l'autre,
260 | mais chacun en son genre : le premier quand il s'agit de juge-
ments qui trouvent leur application immédiate dans l'expérience ; le second lorsque de façon générale il faut juger à partir
de simples concepts, par exemple en métaphysique, où ce qui
se qualifie de bon sens, mais souvent par antiphrase, manque
complètement de jugement.

J'en conviens franchement : l'avertissement de *Hume* fut
précisément ce qui, voilà bien des années, vint interrompre
mon sommeil dogmatique, et donna une tout autre orientation
à mes recherches dans le domaine de la philosophie spéculative. J'étais fort éloigné de le suivre dans ses conclusions qui
résultaient simplement de ce qu'il ne se représentait pas le
problème en son entier ; il s'en tenait à une partie qui ne peut
apporter éclaircissement si l'on ne fait pas entrer le tout en
ligne de compte. Lorsqu'on part d'une conception fondée
qu'un autre nous lègue sans l'avoir développée, on est en droit
d'espérer qu'en poursuivant la réflexion on ira plus loin que
l'homme pénétrant auquel on devait la première étincelle de
cette lumière.

Je commençai donc par chercher si l'on ne pouvait pas
généraliser l'objection de *Hume* et je ne tardai pas à trouver
que le concept de la connexion entre la cause et l'effet était loin
d'être le seul qui permet à l'entendement de penser *a priori*
les connexions des choses, bien plus, que la métaphysique
tout entière est constituée de tels concepts. Je cherchai à
m'assurer de leur nombre ; j'y parvins comme je le souhaitais :
à partir d'un principe unique, et je passai alors à la déduction
de ces concepts, assuré désormais qu'ils n'étaient pas dérivés
de l'expérience, comme *Hume* l'avait arrangé, mais qu'ils

avaient leur origine dans l'entendement pur. Cette déduction, qui paraissait impossible à mon pénétrant prédécesseur, qui n'était même venue à l'esprit de personne d'autre, malgré l'emploi que chacun faisait en toute confiance de ces concepts sans se demander sur quoi pouvait bien se fonder leur validité objective, cette déduction, dis-je, était bien ce qu'il était le plus difficile d'entreprendre dans l'intérêt de la métaphysique ; qui pis est : la métaphysique, pour autant qu'il y en eût une à exister là-dessus quelque part, ne pouvait même pas, en l'occurrence, m'apporter le moindre secours, puisque c'est à cette déduction qu'il revient tout d'abord de décider de la possibilité d'une métaphysique. Or, ayant réussi à résoudre le problème de *Hume* non seulement dans un cas particulier, mais relativement à tout le pouvoir de la raison pure, | je pouvais **261** progresser avec assurance, bien que toujours avec lenteur, pour déterminer finalement tout le domaine de la raison pure, aussi bien dans ses limites que dans son contenu, de façon exhaustive et selon des principes universels ; car c'est de cela que la métaphysique avait besoin pour construire son système selon un plan sûr.

Mais j'ai bien peur que la *solution* du problème de *Hume* en sa plus grande extension possible (je veux parler de la *Critique de la raison pure*) ne connaisse exactement le même sort que le problème lui-même lors de sa première formulation. On ne l'appréciera pas correctement faute de la comprendre ; on ne la comprendra pas, parce que, si l'on consent bien à feuilleter le livre, on n'a pas envie d'approfondir sa lecture ; et on ne voudra pas lui consacrer cet effort, parce que l'œuvre est aride, parce qu'elle est obscure, parce qu'elle va à l'encontre de toutes les conceptions reçues et que de surcroît, elle est longue. Or j'avoue que je ne m'attends pas à entendre, venant d'un philosophe, des plaintes concernant le défaut de caractère populaire, divertissant, aisé, quand il s'agit de l'existence d'une connaissance hautement appréciée et dont l'humanité ne peut se passer ; il n'y a pas moyen de l'instituer autrement qu'en suivant les règles les plus strictes d'une exactitude scolastique ; certes, avec le temps, on peut finir par populariser, mais on ne saurait commencer par là. En revanche, on est en droit de se plaindre d'une certaine obscurité : elle tient pour une part à l'étendue du plan qui ne permet pas de bien dominer les points principaux qui importent en cette recherche ; et c'est à cela que je vais remédier par les présents *Prolégomènes*.

L'œuvre qui présente le pur pouvoir de la raison dans toute son étendue et ses limites demeure fondamentale ; les Prolégomènes s'y rapportent à titre d'exercices préliminaires uniquement. Car cette Critique doit, en tant que science, exister de façon systématique et exhaustive jusqu'en ses moindres parties avant même qu'on puisse songer à faire paraître une métaphysique ou même à en nourrir la lointaine espérance.

Il y a beau temps qu'on est accoutumé de voir remettre à neuf de vieilles connaissances usagées en les soustrayant à leurs anciennes associations et en leur ajustant un vêtement systématique au gré de chacun, mais sous un titre nouveau ; et ce n'est pas autre chose que la majeure partie des lecteurs attend par avance de cette Critique. Mais ces Prolégomènes 262 leur feront bien voir | que c'est une science entièrement nouvelle ; personne n'y avait même pensé auparavant, sa seule idée était elle-même inconnue et rien de ce qui était donné jusqu'alors n'était utilisable, à la seule exception de l'indication que pouvait fournir le doute de *Hume* ; celui-ci pour sa part n'avait d'ailleurs pas le moindre pressentiment de la possibilité d'une science formelle de ce genre : pour le mettre en sécurité, il échoua son navire à la côte (le scepticisme) où il pouvait bien pourrir sur place ; au lieu qu'il importe, à moi, de lui donner un pilote qui, selon les principes certains de la navigation tirés de la connaissance du globe, procurant une carte maritime complète et un compas, puisse conduire le navire avec assurance où bon lui semble.

Aborder une science nouvelle qui est complètement à part et seule de son espèce avec le préjugé que les prétendues connaissances déjà acquises permettraient de l'apprécier, alors que ce sont précisément celles dont la réalité doit être mise en doute, cela ne peut conduire à autre chose qu'à croire qu'on voit partout du déjà connu, à raison de quelque ressemblance littérale ; à ceci près que tout doit se présenter comme manifestement défiguré, absurde et baragouiné, puisque ce n'est pas sur les pensées de l'auteur qu'on fait fond, mais toujours uniquement sur sa propre façon de penser, dont une longue habitude a fait une nature. Cependant la longueur de l'œuvre, dans la mesure où ce n'est pas dans l'exposé, mais dans la science elle-même qu'elle trouve sa raison, l'inévitable aridité et l'exactitude scolastique, sont autant de caractéristiques qui peuvent assurément être sans réserve à l'avantage du contenu, mais qui ne sauraient manquer d'être préjudiciables au livre lui-même.

Il n'est certes pas donné à tout le monde d'écrire de façon aussi subtile et attrayante tout à la fois que David *Hume*, ou comme Moses *Mendelssohn* d'allier la profondeur et l'élégance ; mais j'aurais fort bien pu rendre mon exposé populaire (je m'en flatte), si mon propos s'était borné à esquisser un plan et à en confier à d'autres le développement et si je n'avais eu à cœur le bien de la science à laquelle je m'étais si longtemps consacré ; car il fallait au reste beaucoup de constance et même pas mal d'abnégation pour préférer à la séduction d'un prompt accueil favorable la perspective d'une approbation tardive sans doute mais durable.

Faire des plans, c'est bien souvent se laisser aller à une activité intellectuelle ostentatoire et fanfaronne : on se donne 263 une apparence de génie créateur | en demandant ce qu'on n'est pas capable d'exécuter soi-même, en dénigrant ce que l'on est cependant incapable de surpasser et en prônant ce dont on ne saurait dire où le trouver, encore qu'au seul plan bien fait d'une Critique générale de la raison quelque chose de plus aurait déjà appartenu que ce qu'on peut présumer, si du moins il ne s'était pas réduit simplement comme il arrive d'ordinaire, à une déclamation de vœux pieux.

Mais la raison pure est une sphère tellement isolée et tout s'y tient à l'intérieur à ce point que l'on ne peut en toucher une partie sans atteindre toutes les autres, ni parvenir à rien sans avoir préalablement fixé la place de chacune ainsi que son influence sur les autres ; car comme il n'existe rien à l'extérieur de cette sphère qui permette de rectifier notre jugement à l'intérieur, la validité et l'usage de chaque partie dépend du rapport en lequel elle se trouve avec les autres dans la raison même ; et il en va ici comme dans la structure d'un corps organisé : la fin de chaque membre ne peut être déduite que de la notion complète du tout. Aussi peut-on dire d'une telle Critique qu'elle n'est jamais sûre si elle n'est pas *achevée entièrement* jusque dans les moindres éléments de la raison pure et que, de la sphère de cette faculté, c'est *tout* ou *rien* qu'il faut déterminer ou décider.

Mais s'il est vrai qu'un simple plan qui pourrait précéder la Critique de la raison pure serait inintelligible, incertain et inutile, il est en revanche d'autant plus utile s'il la suit. Car il permettra ainsi de dominer l'ensemble, de mettre à l'épreuve un à un les points principaux qui importent en cette science et en bien des endroits de mieux agencer l'exposé que ne pouvait le faire la première rédaction de l'œuvre.

C'est un plan de ce genre, postérieur à l'œuvre achevée, qu'on trouvera ici ; on a pu maintenant l'établir en suivant la *méthode analytique*, alors qu'il fallait composer l'*œuvre* elle-même entièrement selon le *procédé synthétique* pour que la science rende visible toutes ses articulations comme structure d'une faculté de connaître toute particulière, en sa connexion naturelle. Ce plan, dont je fais, sous le nom de Prolégomènes, le prélude à toute métaphysique, si quelqu'un le trouve encore obscur lui aussi, qu'il veuille bien considérer qu'il n'est pas précisément indispensable que tout le monde étudie la métaphysique : il ne manque pas de talents qui réussissent fort bien dans des sciences solides et mêmes profondes qui se rapprochent davantage de l'intuition, alors qu'ils | échouent dans les **264** recherches qui procèdent par concepts purement abstraits ; en ce cas, qu'ils appliquent leurs dons intellectuels à un autre objet ; mais si quelqu'un prétend juger de métaphysique ou même y apporter sa contribution, qu'il veuille bien considérer qu'il lui faut satisfaire entièrement aux conditions formulées ici, soit qu'il admette ma solution, soit qu'il la réfute à fond et lui en substitue une autre – car il ne peut l'éluder – ; qu'il veuille bien considérer enfin que l'obscurité tant décriée (c'est le déguisement habituel de sa propre nonchalance ou de sa myopie) a elle aussi son utilité : tous ceux qui observent un silence prudent quand il s'agit des autres sciences, parlent en maîtres et décident hardiment dans les questions de métaphysique, parce qu'ici ce n'est certes pas avec la science des autres que contraste leur ignorance, mais bien avec les principes critiques authentiques que l'on peut ainsi vanter :

Ignavum, fucos, pecus a praesepibus arcent.
(Elles écartent des ruches le troupeau paresseux des frelons)[1].

---

1. Virgile, *Géorgiques*, IV, vers 168.

AVERTISSEMENT PRÉLIMINAIRE TOUCHANT LE CARACTÈRE PROPRE À TOUTE CONNAISSANCE MÉTAPHYSIQUE

§ 1. DES SOURCES DE LA MÉTAPHYSIQUE

Si l'on veut présenter une connaissance comme *science*, il faut tout d'abord pouvoir déterminer exactement son caractère distinctif, ce qu'elle n'a de commun avec aucune autre science, et du même coup *ce qui lui appartient en propre*; faute de quoi, les limites de toutes les sciences se confondent et on ne peut en traiter aucune à fond selon sa nature.

Or que ce caractère distinctif consiste dans la différence de *l'objet*, dans celle des *sources de connaissance*, ou encore dans celle du *mode de connaissance*, en certain de ces éléments ou en tous, c'est là-dessus que repose de façon primordiale l'Idée de la science possible et de son territoire.

Tout d'abord, pour ce qui est des *sources* d'une connaissance métaphysique, leur concept implique déjà que ces sources ne peuvent être empiriques. Les principes de cette connaissance (non seulement ses propositions fondamentales,

mais ses concepts fondamentaux) ne doivent donc jamais
être empruntés à l'expérience ; car il faut qu'elle soit une
connaissance non pas physique, mais bien métaphysique,
c'est-à-dire qui se situe au-delà de l'expérience. Donc ni
l'expérience externe, source de la physique proprement dite,
ni l'expérience interne, qui fait la base de la psychologie
266 empirique, ne seront | au principe de cette connaissance méta-
physique. C'est donc une connaissance *a priori*, c'est-à-dire
qui provient de l'entendement pur et de la raison pure.

Mais sur ce point rien ne la distinguerait de la mathématique pure ; il faudra donc l'appeler : *connaissance pure philosophique* ; quant à la signification de cette expression, je m'en
rapporte à la *Critique de la raison pure*[1] où a été exposée de
manière claire et satisfaisante la distinction entre ces deux
modes de l'emploi de la raison. Voilà ce que j'avais à dire des
sources de la connaissance métaphysique.

§ 2. DU MODE DE CONNAISSANCE
QUI PEUT SEUL ÊTRE QUALIFIÉ DE MÉTAPHYSIQUE

a) *De la distinction entre les jugements synthétiques et
les jugements analytiques en général.*

La connaissance métaphysique doit contenir exclusivement des jugements *a priori* : le caractère propre de ses sources
l'exige. Cela dit, quelle que soit l'origine des jugements,
ou quelle que soit leur nature quant à la forme logique, ils
présentent une différence quant au contenu : ou bien ils sont

1. *Kritik*, A 712 = 740 B *sq.* ; Ak. III, 468 ; TP, 493.

simplement *explicatifs* et ils n'ajoutent rien au contenu de la connaissance, ou bien ils sont *extensifs* et ils accroissent la connaissance donnée ; on pourra appeler les premiers des jugements *analytiques*, les seconds des jugements *synthétiques*.

Des jugements *analytiques* se bornent à dire dans le prédicat ce qui a été réellement pensé dans le concept du sujet, bien que moins clairement et moins consciemment. Quand je dis : « tous les corps sont étendus » je n'ai pas le moindrement élargi mon concept de corps ; je me suis contenté de l'analyser, puisque de ce concept, sans toutefois le dire expressément, on pensait réellement l'extension, avant de former ce jugement ; donc ce dernier est analytique. Au contraire, la proposition : « quelques corps sont lourds », contient dans le prédicat quelque chose qu'on ne pensait pas réellement dans le concept général de corps ; donc elle accroît ma | connaissance **267** puisqu'elle ajoute quelque chose à mon concept, et c'est pour cela qu'il faut l'appeler un jugement synthétique.

b) *Le principe commun de tous les jugements analytiques, c'est le principe de contradiction.*

Tous les jugements analytiques reposent entièrement sur le principe de contradiction, et ce sont par nature des connaissances *a priori*, que les concepts qui leur servent de matière soient empiriques ou non. Car puisque le prédicat d'un jugement analytique affirmatif est déjà antérieurement pensé dans le concept du sujet, il ne peut être nié de celui-ci sans contradiction ; de même dans un jugement analytique, mais négatif, son contraire serait nécessairement nié du sujet, également en vertu du principe de contradiction. Tel est le cas des propositions : « tout corps est étendu », et « aucun corps n'est inétendu » (simple).

C'est précisément aussi la raison pour laquelle toutes les propositions analytiques sont des jugements *a priori*, lors même que leurs concepts sont empiriques, par exemple : l'or est un métal jaune ; car pour savoir cela, en dehors de mon concept d'or qui impliquait que ce corps est jaune et que c'est un métal, je n'ai besoin d'aucune expérience supplémentaire, car c'est précisément cela qui constituait mon concept, et il me suffisait de l'analyser, sans avoir à me mettre en quête de rien d'autre qui lui soit antérieur.

c) *Les jugements synthétiques requièrent un autre principe que le principe de contradiction.*

Il y a des jugements synthétiques *a posteriori*, dont l'origine est empirique ; mais il y en a également qui sont certains *a priori* et qui naissent de l'entendement et de la raison purs. Toutefois les uns et les autres s'accordent en ce que le principe de l'analyse, c'est-à-dire le principe de contradiction, ne suffit en aucune façon à leur donner naissance ; ils exigent en outre un tout autre principe, bien que de ce principe, quel qu'il soit, ils doivent être toujours dérivés *en conformité avec le principe de contradiction* ; car il n'est rien qui doive contrevenir à ce principe, lors même que tout n'en peut être dérivé. Je vais commencer par classer les jugements synthétiques :

268 | I. *Les jugements d'expérience* sont toujours synthétiques. Il serait en effet absurde de fonder sur l'expérience un jugement analytique, puisque pour former ce jugement je n'ai pas à sortir de mon concept et que par conséquent je n'ai besoin d'aucun témoignage de l'expérience. Qu'un corps soit étendu, c'est là une proposition établie *a priori*, et pas du tout un jugement d'expérience. Car, avant même d'en venir à l'expérience, j'ai déjà dans le concept toutes les conditions de mon jugement ; il me suffit de pouvoir tirer le prédicat de ce concept selon le principe de contradiction, et d'avoir du même coup conscience de la *nécessité* du jugement, que jamais l'expérience ne m'enseignerait.

II. *Les jugements mathématiques* sont tous synthétiques. C'est là une proposition qui semble avoir jusqu'à ce jour complètement échappé aux remarques des analystes de la raison humaine, qui semble même aller contre toutes leurs attentes, bien qu'elle soit incontestablement certaine et lourde de conséquences. Car comme on trouvait que les raisonnements des mathématiciens s'effectuaient tous selon le principe de contradiction (la nature de toute certitude apodictique l'exige), on se persuadait que les principes des mathématiques, eux aussi, étaient connus à partir du principe de contradiction ; grave erreur, car s'il est bien vrai qu'une proposition synthétique peut être comprise selon le principe de contradiction, ce n'est jamais en elle-même, mais seulement à la condition de supposer une autre proposition synthétique dont elle peut être déduite.

Il faut tout d'abord remarquer que les propositions proprement mathématiques sont toujours des jugements *a priori* et non pas empiriques, puisqu'elles comportent une nécessité qui ne saurait être tirée de l'expérience. Si l'on ne consent pas à m'accorder cela, eh bien je restreins ma thèse à la *mathématique pure*, dont le concept implique déjà que ce n'est pas une connaissance empirique qu'elle contient, mais uniquement une pure connaissance *a priori*.

Au premier abord, on pourrait bien penser que la proposition : $7 + 5 = 12$ est une proposition simplement analytique, qui découle du concept d'une somme de sept et cinq selon le principe de contradiction. Mais quand on y regarde de plus près, on trouve que le concept de la somme de sept et cinq ne contient rien de plus que la conjonction de deux nombres en un nombre unique, sans que par là soit aucunement pensé quel est ce nombre unique qui les englobe tous deux. Le concept de douze n'est en aucune façon déjà pensé par le fait de penser simplement la conjonction de sept et de cinq, et je peux bien **269** m'obstiner à | analyser mon concept d'une telle somme possible, je n'y rencontrerai pas le douze. Il faut sortir de ce concept et le dépasser en recourant à l'intuition qui correspond à l'un des deux nombres, par exemple les cinq doigts de sa main, ou cinq points (comme *Segner* dans son Arithmétique) et en ajoutant au concept de sept l'une après l'autre les unités de cinq, données dans l'intuition. On élargit donc réellement son concept par cette proposition $7 + 5 = 12$, et au premier concept on en ajoute un nouveau, qu'on ne pensait pas du tout dans le premier ; c'est-à-dire que la proposition arithmétique est toujours synthétique, ce dont on est d'autant plus distincte-ment conscient qu'on prend des nombres plus élevés ; car cela fait apparaître clairement que nous pourrions tourner et retourner tant qu'on voudra notre concept, si nous nous contentions d'analyser ce concept sans recourir à l'intuition, nous ne pourrions jamais trouver la somme.

Un principe quelconque de géométrie pure n'est pas davantage analytique. Que la ligne droite entre deux points soit la plus courte, c'est une proposition synthétique. Car mon concept de « droit » ne contient nullement la grandeur, mais uniquement une qualité. Le concept de «ce qui est le plus court» est donc entièrement ajouté, et aucune analyse ne peut le tirer du concept de ligne droite. Il faut donc ici recourir à l'intuition qui, seule, rend possible la synthèse.

Il est bien vrai que certains autres principes que supposent les géomètres sont effectivement analytiques et reposent sur le principe de contradiction; mais tout comme les propositions identiques, c'est de lien méthodique et non pas de principes qu'ils servent; par exemple a = a, le tout est égal à lui-même, ou encore (a + b) > a, c'est-à-dire le tout est plus grand que sa partie. Et cependant ces principes eux-mêmes, tout en valant par simples concepts, ne sont admis en mathématiques que parce qu'ils peuvent être présentés dans l'intuition. Ici, ce qui nous fait croire communément que le prédicat de ces jugements apodictiques se trouve déjà dans notre concept, et, du coup, que le jugement est analytique, c'est l'ambiguïté de l'expression: il est bien vrai qu'à un concept donné nous *devons* ajouter un certain prédicat et cette nécessité s'attache déjà aux concepts. Mais la question porte non pas sur ce que nous *devons* ajouter *par la pensée* au concept donné, mais sur ce que nous *pensons réellement*, encore qu'obscurément, dans ce concept, et il apparaît alors que c'est de façon nécessaire, il est vrai, que le prédicat ajoute au concept, mais non pas de façon immédiate: c'est par la médiation d'une intuition qui doit intervenir de surcroît.

272 |*Le caractère essentiel de la connaissance pure *mathématique* et celui qui la distingue de toutes les autres connaissances *a priori*, c'est qu'elle doit procéder *non pas du tout à partir de concepts*, mais toujours uniquement par la construction des concepts[1]. Donc puisque dans ses propositions il faut qu'elle dépasse le concept pour atteindre ce qui contient l'intuition correspondant à ce concept, en aucun cas ses propositions ne peuvent ni ne doivent prendre naissance au moyen d'une analyse du concept; c'est-à-dire qu'elles ne sont pas analytiques, mais sont toutes synthétiques.

Je suis obligé de signaler le préjudice causé à la philosophie par la négligence de cette observation qui cependant paraît facile et insignifiante. *Hume*, lorsqu'il se sentit la vocation, digne d'un philosophe, d'étendre son regard sur tout le champ de la pure connaissance *a priori*, où l'entendement humain prétend à de si vastes possessions, en détacha inconsidérément toute une province, la plus importante: celle de la mathématique pure, croyant que sa nature, sa constitution politique pour ainsi dire, reposait sur de tout autres principes, en l'espèce uniquement sur le principe de contradiction; et bien qu'il n'ait pas divisé de façon aussi formelle et générale que je viens de le faire ou recouru aux mêmes dénominations que moi, c'était exactement comme s'il avait dit: la mathématique pure contient uniquement des propositions *analytiques*, alors que la métaphysique en contient qui sont synthétiques *a priori*. Or, sur ce point, il se trompa complètement et cette erreur eut des

---

* La pagination AK change car elle ne prend pas en compte la correction de Vaihinger ici appliquée (*cf.* introduction, p. 8).

1. *Kritik*, A 713 = B 741; Ak. III, 468; TP 493.

conséquences dirimantes pour toute sa conception. Car s'il ne l'avait pas commise, il aurait élargi sa question sur l'origine de nos jugements synthétiques bien au-delà de son concept métaphysique de causalité et il l'aurait étendue à la possibilité de la mathématique *a priori*; car il devait la reconnaître tout aussi bien comme | synthétique. Mais alors il n'aurait pu en aucune 273 manière fonder uniquement sur l'expérience ses propositions métaphysiques, puisqu'en ce cas il aurait pareillement soumis à l'expérience les axiomes de la mathématique pure, et il était bien trop pénétrant pour faire une telle chose. La bonne compagnie où se serait alors trouvée la métaphysique l'aurait prémunie contre le danger d'être indignement maltraitée, car les coups dirigés contre la métaphysique n'auraient pas manqué d'atteindre également la mathématique, ce qui n'était pas et ne pouvait pas être son intention; ainsi cet homme subtil se serait-il trouvé entraîné à des considérations comparables à celles qui nous occupent présentement; mais, grâce à son style d'une beauté inimitable, elles auraient gagné infiniment.

III. Les jugements *proprement métaphysiques* sont tous synthétiques. Il faut distinguer des jugements proprement métaphysiques ceux qui *appartiennent à la métaphysique*. Parmi ces derniers il s'en trouve beaucoup d'analytiques, mais ils constituent uniquement le moyen permettant de former des jugements métaphysiques qui constituent la fin exclusive de la science et qui sont toujours synthétiques. Car dès lors que des concepts appartiennent à la métaphysique, par exemple celui de substance, les jugements qui résultent de leur analyse appartiennent aussi nécessairement à la métaphysique, par exemple : la substance est ce qui n'existe que comme sujet etc., et au moyen de plusieurs jugements analytiques de cette sorte, nous cherchons à approcher la définition des concepts. Mais comme l'analyse d'un concept pur de l'entendement (tel que la métaphysique en contient) ne s'effectue pas autrement que l'analyse de tout autre concept, même un concept empirique qui n'appartient pas à la métaphysique (par exemple : l'air est un fluide élastique, dont l'élasticité n'est supprimée par le froid à aucun degré connu), le concept est assurément métaphysique, mais le jugement analytique, lui, n'est pas proprement métaphysique; car cette science a quelque chose de particulier et elle a son caractère propre dans la production de ses connaissances *a priori*, qu'il faut donc distinguer de ce qu'elle a de commun avec toutes les autres connaissances de l'entendement; ainsi par exemple, la proposition : tout ce qui est substance dans les choses est permanent, est une proposition synthétique et proprement métaphysique.

Quand on a commencé par réunir selon certains principes les concepts *a priori* qui constituent la matière de la métaphysique et ses instruments, l'analyse de ces concepts est de grande importance; on peut même en présenter l'exposé comme une partie spéciale (comme *philosophia definitiva* pour ainsi dire) qui contient uniquement des propositions analytiques appartenant à la métaphysique, séparés de toutes les 274 | propositions synthétiques qui constituent la métaphysique elle-même. Car en fait ces analyses n'offrent une utilité notable nulle part ailleurs qu'en métaphysique, c'est-à-dire en vue des propositions synthétiques qui doivent être produites à partir de ces concepts préalablement analysés.

Voici donc la conclusion de ce paragraphe : la métaphysique a proprement affaire à des propositions synthétiques *a priori*, et ce sont uniquement de telles propositions qui constituent sa fin ; il est vrai que pour parvenir à cette fin, elle a fréquemment besoin d'analyses de ses concepts, donc de jugements analytiques ; mais en cela le procédé n'est pas différent de celui que met en œuvre tout autre mode de connaissance, où l'on recourt à l'analyse simplement pour rendre les concepts plus distincts. Ce qui constitue le contenu essentiel de la métaphysique, c'est uniquement la production de la connaissance *a priori*, selon l'intuition aussi bien que selon des concepts, finalement on peut encore dire que c'est les propositions synthétiques *a priori*, en précisant : dans la connaissance philosophique.

| § 3. REMARQUE SUR LA DIVISION GÉNÉRALE   **270**
DES JUGEMENTS EN ANALYTIQUES ET SYNTHÉTIQUES

Cette division est indispensable en vue de la Critique de l'entendement humain et de ce fait elle mérite d'y être *classique* ; en dehors de cela, je ne vois pas qu'elle ait d'utilité notable. Et, à mon sens, c'est bien la raison pour laquelle les philosophes dogmatiques qui ne cherchent jamais les sources des jugements métaphysiques ailleurs que dans la métaphysique elle-même, et jamais en dehors, dans les lois pures de la raison en général, négligeaient cette division qui semble s'imposer d'elle-même ; et c'est bien pourquoi l'illustre *Wolf* ou le pénétrant *Baumgarten* qui marchait sur ses traces pouvaient chercher la preuve du principe de raison suffisante, qui, manifestement, est synthétique, dans le principe de contradiction. En revanche, je trouve déjà dans l'*Essai sur l'entendement humain* de *Locke* une indication en direction de cette distinction. Car au livre IV, chapitre 3, § 9 et suivants, après avoir déjà antérieurement traité des différentes connexions des représentations dans les jugements ainsi que de leurs sources, dont il situe l'une dans l'identité ou la contradiction (jugements analytiques), mais l'autre dans l'existence des représentations dans un sujet (jugements synthétiques), il reconnaît au § 10 que notre connaissance *a priori* de cette existence est bien mince et se réduit à presque rien. Mais dans ce qu'il dit de cette espèce de connaissance, il y a si peu de chose qui soit précis et ramené à des règles qu'il n'y a plus lieu de s'étonner si personne, pas même *Hume*, n'a pu en prendre occasion pour s'engager dans des considérations sur les propositions de cette espèce. Car on ne voit guère comment on pourrait apprendre des principes aussi généraux et cependant déterminés auprès des autres lorsqu'ils n'en ont eu qu'une représentation confuse. Il faut au préalable y être venu soi-même par une réflexion personnelle pour pouvoir par la suite les retrouver ailleurs, là où, assurément, on ne les aurait pas trouvés d'emblée, car les auteurs eux-mêmes ne savaient pas que c'est cette Idée qui fondait leurs propres remarques. On a beau ne jamais penser par soi-même, on n'en a pas moins une perspicacité suffisante pour tout déceler, dès lors qu'on vous l'a signalé, dans ce qui a déjà été écrit, où cependant personne n'était capable de le voir auparavant.

271 | § 4. QUESTION GÉNÉRALE DES PROLÉGOMÈNES :
UNE MÉTAPHYSIQUE EST-ELLE DÉCIDÉMENT POSSIBLE ?

S'il existait effectivement une métaphysique capable de s'affirmer comme science, on pourrait dire : voici la métaphysique, il vous suffit de l'apprendre pour qu'elle vous procure la conviction irrésistible et immuable de sa vérité ; en ce cas la question que nous venons de formuler serait oiseuse, et il n'en resterait plus qu'une autre, dont l'enjeu serait plutôt la mise à l'épreuve de notre sagacité que la preuve de l'existence de la chose elle-même : *comment est-elle possible*? et comment la raison s'y prend-elle pour y parvenir? Or, en l'occurrence, la raison humaine n'a pas eu cette chance. Il n'est pas possible de montrer un seul livre, comme on montrerait par exemple un *Euclide*, et de dire : voici la métaphysique, vous y trouverez, démontrée à partir des principes de la raison pure, la principale fin de cette science : la connaissance d'un Être suprême et d'un monde futur. Assurément, on peut nous indiquer maintes propositions qui sont apodictiquement certaines et qui n'ont jamais été contestées, mais elles sont toutes analytiques et elles ont trait aux matériaux et instruments permettant de construire la métaphysique plutôt qu'à l'extension de la connaissance qui doit cependant être notre but véritable en ce domaine (§ 2, c). Vous pouvez bien exhiber aussi des propositions synthétiques (par exemple, le principe de raison suffisante), dont vous n'avez jamais donné la démonstration à partir de la seule raison, donc *a priori*, comme c'était cependant votre devoir de le faire, et que, malgré cela, on vous accorde volontiers : quand vous voulez les mettre au service de votre fin principale, vous aboutissez cependant à des affirmations à ce point irrecevables et incertaines que de tout temps une métaphysique a contredit l'autre, soit qu'elle en conteste les thèses elles-mêmes, soit qu'elle conteste leurs preuves, et elle a par là même annulé sa prétention à être approuvée de façon durable. Les tentatives pour constituer cette science ont même été sans aucun doute la première cause du scepticisme qui est apparu si tôt; c'est là une manière de penser en laquelle

la raison se fait à ce point violence, qu'elle n'aurait jamais pu la
faire naître si elle n'avait complètement désespéré de donner
satisfaction à ses plus importants desseins. Car bien avant
qu'on ait entrepris de questionner méthodiquement la nature,
272 ce qu'on interrogea | c'est seulement sa raison prise à part, telle
qu'elle était déjà dans une certaine mesure exercée par l'expérience commune : c'est que la raison nous est toujours présente, tandis que les lois de la nature exigent une recherche
laborieuse ; dans ces conditions la métaphysique surnageait
comme l'écume : à peine celle qu'on avait puisée était-elle
dissipée qu'une autre apparaissait à la surface, les uns s'obsti-
naient à la recueillir, alors que d'autres, au lieu d'approfondir
la cause d'un tel phénomène, se croyaient sages parce qu'ils
moquaient les vains efforts des premiers.

274 |*Ainsi, dégoûtés du dogmatisme qui ne nous apprend rien,
tout autant que du scepticisme qui ne nous promet rien du tout,
même pas la quiétude d'une ignorance permise ; provoqués par
l'importance de la connaissance dont nous avons besoin et
rendus méfiants par une longue expérience à l'endroit de celle
que nous croyons posséder ou qui s'offre à nous sous l'intitulé
de la raison pure, il ne nous reste plus qu'à poser une question
critique dont la réponse nous serve à régler notre attitude
future : *une métaphysique est-elle décidément possible*? Mais
à cette question il ne faut pas qu'on réponde en recourant à
des objections sceptiques contre certaines thèses d'une métaphysique réelle (car pour le moment nous n'accordons valeur à

* *Cf.* note p. 30 et introduction, p. 8.

aucune métaphysique); il faut répondre en partant du concept qui n'est encore que problématique d'une telle science.

Dans la *Critique de la raison pure*, pour traiter cette question, j'ai procédé *synthétiquement*, c'est-à-dire que j'ai cherché dans la raison pure elle-même et c'est à cette source même que j'ai tâché de déterminer, selon des principes, aussi bien les éléments que les lois de son usage pur. Ce travail est difficile et exige un lecteur décidé à pénétrer progressivement dans un système qui ne pose encore comme fondement d'autre donnée que la raison elle-même et qui par conséquent cherche à développer la connaissance à partir de ses germes originaires sans s'appuyer sur aucun fait. Les *Prolégomènes* au contraire doivent être des exercices préparatoires; plutôt que d'exposer la science elle-même, ils doivent indiquer ce qu'il faut faire pour la constituer si possible. Ils | doivent donc s'appuyer sur **275** quelque chose qu'on admet déjà comme sûr, d'où il est possible de partir avec confiance et de remonter aux sources que l'on ne connaît pas encore et dont la découverte non seulement nous expliquera ce qu'on savait, mais du même coup nous présentera un ensemble de connaissances qui naissent toutes des mêmes sources. Ainsi le procédé méthodique des Prolégomènes, au premier chef de ceux qui doivent préparer une métaphysique future, sera *analytique*.

Mais il se trouve heureusement que, tout en ne pouvant admettre que la métaphysique comme science existe *réellement*, nous pouvons cependant dire avec assurance que certaines pures connaissances *a priori* sont réelles et données, j'ai nommé: *la mathématique pure et la science pure de la nature*; car ces deux sciences contiennent des propositions qui sont universellement reconnues, les unes apodictiquement, certaines par la seule raison, les autres par le consentement universel que fait naître l'expérience et comme néanmoins indépendantes de l'expérience. Nous avons donc à tout le moins quelques connaissances synthétiques *a priori* qui ne sont pas contestées, et nous n'avons pas à nous demander si elles sont possibles (puisqu'elles sont réelles), mais uniquement *comment elles sont possibles*, pour être à même, à partir du principe de la possibilité de celles qui sont données, de dériver également la possibilité de toutes les autres.

§ 5. QUESTION GÉNÉRALE DES PROLÉGOMÈNES : COMMENT UNE CONNAISSANCE PAR RAISON PURE EST-ELLE POSSIBLE ?

Nous avons vu ci-dessus quelle différence considérable sépare les jugements analytiques des jugements synthétiques. On pouvait très aisément concevoir la possibilité des propositions analytiques, car elles se fondent uniquement sur le principe de contradiction. La possibilité des jugements synthétiques *a posteriori*, c'est-à-dire de celles qui sont tirées de l'expérience n'appelle, elle non plus, aucune explication particulière ; car l'expérience n'est elle-même rien d'autre qu'une continuelle conjonction (synthèse) des perceptions. Donc il ne nous reste que les propositions synthétiques *a priori*, dont il faut chercher ou examiner la possibilité, puisqu'il faut qu'elles reposent sur d'autres principes que le principe de contradiction.

276 | Mais ici nous n'avons pas besoin de commencer par nous enquérir de la *possibilité* de telles propositions, c'est-à-dire de nous demander si elles sont possibles. Car il en existe assez de réellement données et même avec une certitude incontestable, et puisque la méthode que nous suivons présentement doit être analytique, notre point de départ sera l'existence réelle d'une telle connaissance rationnelle synthétique tout en étant pure; après quoi il faudra cependant faire porter notre *enquête* sur le principe de cette possibilité et poser la question : *comment* cette connaissance est-elle possible? afin de nous mettre à même de déterminer à partir des principes de sa possibilité les conditions de son emploi, son étendue et ses limites. Donc le problème proprement décisif, formulé avec une précision scolastique, est le suivant :

Comment des propositions synthétiques a priori sont-elles possibles ?

C'est par souci de lui donner une forme populaire que je l'ai tout à l'heure formulé différemment comme question portant sur la connaissance par raison pure, et, en l'occurrence, je pouvais bien me le permettre sans porter préjudice à l'objet de notre enquête, car comme ce qui est présentement en question, c'est uniquement la métaphysique et ses sources, j'espère qu'on ne perdra jamais de vue ce qui a été préalablement rappelé : quand nous parlons ici de connaissance par raison pure, il ne s'agit jamais de la connaissance analytique, mais uniquement de celle qui est synthétique [1].

---

1. Il est impossible d'éviter qu'avec l'évolution progressive de la connaissance, certaines expressions déjà devenues classiques qui remontent à l'enfance de la science, soient par la suite trouvées insuffisantes et mal appropriées et qu'un usage nouveau et mieux approprié encore un certain risque de confusion avec l'ancien. La méthode analytique, en tant qu'on l'oppose à la méthode synthétique, est tout autre chose qu'un ensemble de propositions analytiques ; elle signifie seulement que l'on part de ce que l'on cherche comme s'il était donné et que l'on remonte aux conditions sous lesquelles seules, il est

La solution de ce problème a pour enjeu le maintien ou la chute de la métaphysique, donc toute son existence. Chacun pourra bien donner à l'exposé de ses thèses en métaphysique **277** toute l'apparence possible, faire un amoncellement | écrasant de raisonnements, tant qu'il n'aura pas donné une réponse suffisante à cette question, je serai en droit de dire : tout cela est de la philosophie creuse, sans fondement, et de la fausse sagesse. Tu parles par raison pure, et tu as la prétention pour ainsi dire de créer des connaissances *a priori* : car tu ne te contentes pas d'analyser des concepts donnés, tu te risques à des connexions nouvelles, qui ne reposent pas sur le principe de contradiction, et que tu crois cependant apercevoir tout à fait indépendamment de toute expérience ; or comment y parviens-tu et comment comptes-tu t'y prendre pour justifier de telles prétentions ? On ne saurait te permettre d'invoquer l'accord du sens commun, car c'est un témoin dont le crédit ne repose que sur la rumeur publique.

> *Quodcumque ostendis mihi sic, incredulus odi*
> (*Quoi que tu me montres ainsi, je le repousse sans y croire*) [1].

Mais si indispensable qu'il soit de répondre à cette question, c'est avec cela chose fort malaisée ; il est vrai que la

---

possible. Dans cette méthode d'enseignement, il arrive assez souvent qu'on n'emploie que des propositions synthétiques, comme l'analyse mathématique en fournit un exemple, et il vaudrait mieux l'appeler la méthode *régressive* pour la distinguer de la méthode synthétique ou *progressive*. Le terme « Analytique » désigne également une partie principale de la Logique : il s'agit alors de la logique de la vérité, que l'on oppose à la Dialectique, sans s'occuper en l'occurrence de savoir si les connaissances qui en relèvent sont analytiques ou synthétiques.

1. Horace, *De arte Poetica*, vers 188.

raison majeure pour laquelle on n'a pendant longtemps pas cherché à y répondre tient à ce qu'il n'est jamais venu à l'esprit qu'il y eût là une question. Mais il y a une seconde raison : c'est qu'une réponse satisfaisante à cette seule question exige une réflexion bien plus soutenue, profonde et pénible que n'en imposa jamais le plus volumineux ouvrage de métaphysique promettant l'immortalité à son auteur dès sa parution. Il faut même que tout lecteur pénétrant, pour peu qu'il prenne soigneusement la mesure de ce qu'exige ce problème, commence par s'effrayer de sa difficulté au point de le tenir pour insoluble et même pour tout à fait impossible s'il n'existait réellement de telles connaissances synthétiques pures *a priori* ; de fait, ce fut le cas de *Hume*, qui était fort loin de se représenter la question avec toute la généralité qu'on lui donne ici et qu'il faut lui donner afin que la réponse soit décisive pour la métaphysique en son entier. Car comment est-il possible, disait cet homme perspicace, que lorsqu'un concept m'est donné, je puisse le dépasser et lui attacher un autre concept qu'il ne contenait pas du tout et qui plus est, comme s'il lui appartenait de façon *nécessaire* ? Il n'y a que l'expérience qui soit capable de nous procurer de telles connexions (voilà ce qu'il concluait d'une difficulté qu'il tenait pour une impossibilité) et toute cette prétendue nécessité, ou, ce qui revient au même, la connaissance qu'en raison de cette nécessité on considère comme *a priori*, n'est rien d'autre que la longue accoutumance à trouver vraie une chose et du coup à tenir pour objective la nécessité subjective.

Si le lecteur se plaint de la fatigue et de l'effort que je vais lui | imposer en résolvant ce problème, qu'il veuille bien **278** seulement essayer de lui donner une solution plus aisée.

Peut-être arrivera-t-il alors qu'il se sente redevable envers celui qui a entrepris pour lui un travail de recherche si approfondie et qu'il marquera plutôt quelque étonnement devant l'aisance que l'on a encore été capable de donner à la solution, compte tenu de la nature du sujet; aussi en a-t-il coûté des années d'efforts pour résoudre ce problème dans toute sa généralité (au sens que les mathématiciens accordent à ce mot : de façon suffisante dans tous les cas) et pour être à même de le présenter également, en fin de compte, sous la forme analytique où le lecteur la trouvera dans ce livre.

En conséquence, tous les métaphysiciens sont, solennellement et conformément à la loi, suspendus de leurs fonctions tant qu'ils n'auront pas donné une réponse satisfaisante à la question : *comment des connaissances synthétiques a priori sont-elles possibles*? Car c'est exclusivement dans cette réponse que consistent les lettres de créances qu'ils devraient exhiber s'ils ont quelque chose à nous apporter au nom de la raison pure; à défaut de quoi, ils peuvent s'attendre à se voir récuser, sans autre examen de leur apport, par les gens raisonnables qui ont déjà été si souvent bernés.

S'ils prétendaient au contraire pratiquer leur fonction non comme une *science*, mais comme un *art* de persuasion salutaire et approprié au sens commun, on ne saurait équitablement leur interdire ce métier. En ce cas, ils tiendront le langage modeste d'une croyance raisonnable, ils conviendront qu'ils ne leur est pas permis de jamais faire la moindre *conjecture* sur ce qui dépasse les limites de toute expérience possible, encore moins de *savoir* quoi que ce soit là-dessus, mais qu'ils peuvent seulement *admettre* (encore n'est-ce pas en vue d'en faire un usage spéculatif, car ils doivent se l'interdire, mais uniquement en vue d'en faire un usage pratique) ce qui est possible et même indispensable pour la conduite de l'entendement et de la volonté dans la vie. C'est à ce seul prix qu'ils pourront porter le nom d'hommes utiles et sages, et cela d'autant mieux qu'ils renonceront davantage à celui de métaphysiciens ; car ceux-ci veulent être des philosophes spéculatifs, et comme on ne peut pas s'en remettre à de triviales probabilités s'il s'agit de jugements *a priori* (car ce que l'on prétend connaître *a priori* est du même coup annoncé comme nécessaire), on ne saurait leur permettre de jouer avec des conjectures ; | il faut que ce **279** qu'ils affirment soit science, ou alors ce n'est rien du tout.

On peut dire que la philosophie transcendantale en son entier, qui précède nécessairement toute métaphysique, n'est elle-même rien d'autre que la seule solution complète, mais systématiquement ordonnée et développée jusqu'au bout, de la question précédemment formulée et on peut donc dire que, jusqu'à ce jour, on ne possède aucune philosophie transcendantale. Car ce qui en porte le nom est proprement une partie de la métaphysique, alors que la science dont nous parlons doit tout d'abord en établir la possibilité et par conséquent précéder toute métaphysique. Si toute une science, au surplus privée de tout secours venant d'autres sciences, donc une science en elle-même entièrement nouvelle, est nécessaire pour donner une réponse suffisante à une seule question, c'est encore une raison pour ne pas s'étonner que s'y attachent peine et difficulté, voire même quelque obscurité.

Abordant maintenant cette solution et procédant selon la méthode analytique où nous présupposons que de telles connaissances par raison pure sont réelles, nous ne pouvons invoquer dans l'ordre de la connaissance théorique (la seule dont il soit ici question) que deux *sciences : la mathématique pure et la science pure de la nature*; car ce sont les seules qui peuvent nous présenter les objets dans l'intuition et, par conséquent, au cas où il s'y trouverait une connaissance *a priori*, nous en montrer la vérité ou l'accord avec l'objet *in concreto*, c'est-à-dire nous montrer *leur réalité*, à partir de laquelle il serait alors possible de remonter par la voie analytique au principe de leur possibilité. C'est ce qui rend beaucoup plus facile l'entreprise où les considérations générales trouvent non seulement leur point d'application, mais même leur point de départ dans des faits, au lieu que, lorsqu'on procède synthétiquement, il faut les dériver de concepts entièrement *in abstracto*.

Mais pour nous élever de ces connaissances pures *a priori* réelles en même temps que fondées, à une connaissance possible, qui fait l'objet de notre recherche : je veux dire, une méta-
280 physique comme science, il faut encore que nous | englobions quelque chose dans notre question capitale : savoir, ce qui est l'occasion de la métaphysique et qui la fonde à titre de connaissance *a priori*, donnée de façon simplement naturelle encore que la vérité n'en soit pas au-dessus de tout soupçon, ce dont l'élaboration poursuivie sans aucune enquête critique sur sa possibilité a déjà usuellement reçu le nom de métaphysique, en un mot la disposition naturelle à une telle science. De cette façon on donnera réponse de façon successive à la question transcendantale capitale, divisée en quatre autres questions :

1. *Comment la mathématique pure est-elle possible ?*
2. *Comment la science pure de la nature est-elle possible ?*
3. *Comment la métaphysique en général est-elle possible ?*

4. *Comment la métaphysique est-elle possible comme science ?*

On voit que, lors même que la solution de ces problèmes doit au premier chef présenter le contenu essentiel de la Critique, elle n'en présente pas moins une caractéristique qui à elle seule mérite également l'attention : celle de chercher dans la raison elle-même les sources de sciences données, pour explorer et mesurer grâce au fait lui-même ce pouvoir qu'elles ont de connaître quelque chose *a priori* ; car par là ces sciences elles-mêmes y gagnent, non pas quant à leur contenu, mais bien en ce qui concerne leur usage correct, et, tout en faisant la lumière dans une question de rang supérieur en raison de leur origine commune, elles donnent en même temps l'occasion de mieux éclairer leur nature propre.

II

PREMIÈRE PARTIE
DE LA QUESTION TRANSCENDANTALE CAPITALE :
COMMENT LA MATHÉMATIQUE PURE EST-ELLE
POSSIBLE ?

§ 6

Nous voici en présence d'une connaissance vaste et avérée : elle a dès maintenant atteint une extension admirable et elle promet pour l'avenir un développement illimité ; elle comporte de part en part une certitude apodictique, c'est-à-dire une nécessité absolue ; ainsi elle ne repose sur aucun principe d'expérience et c'est un pur produit de la raison, au surplus entièrement synthétique. « Comment est-il donc possible que la raison humaine parvienne à constituer complètement *a priori* une telle connaissance ? » Ce pouvoir, qui ne se fonde ni ne peut se fonder sur des expériences, ne suppose-t-il pas quelque principe *a priori* de connaissance, profondément caché mais susceptible de se révéler grâce à ces résultats qu'il obtient, à la seule condition d'en dépister soigneusement les premiers commencements ?

|§ 7

Nous trouvons d'autre part que toute connaissance mathématique présente ceci comme particularité qui lui est propre : il faut qu'elle commence par présenter son concept dans l'*intuition* et même *a priori*, donc dans une intuition qui n'est pas empirique, mais pure ; faute de ce moyen, elle est incapable de faire un pas ; aussi ses jugements sont-ils toujours *intuitifs*, au lieu que la philosophie doit se contenter de jugements *discursifs, à partir de simples concepts* : elle peut bien se servir de l'intuition pour illustrer ses thèses apodictiques, mais elle ne saurait dériver celles-ci de l'intuition. Cette remarque concernant la nature de la mathématique nous procure dès maintenant une indication sur la condition première et suprême de sa possibilité : il faut qu'elle ait pour fondement *quelque intuition pure*, où elle puisse présenter tous ses concepts *in concreto* et cependant *a priori*, ce qui s'appelle : les *construire* [1]. Il suffit que nous puissions découvrir cette intuition pure et sa possibilité, pour que du coup s'explique aisément comment sont possibles des propositions synthétiques *a priori* dans la mathématique pure, et par suite également comment cette science elle-même est possible ; car tout de même que l'intuition empirique permet sans difficulté que nous étendions synthétiquement dans l'expérience, au moyen de prédicats nouveaux que l'intuition se charge de présenter, le concept que nous nous faisons d'un objet d'intuition, de même l'intuition pure se chargera d'en faire autant ; à une différence

---

1. Voir *Kritik*, A 713, B 741 ; Ak. III, 469 ; TP 493.

près cependant : dans ce dernier cas le jugement synthétique sera *a priori* certain et apodictique, alors que dans le précédent il ne sera certain qu'*a posteriori* et empiriquement ; car l'intuition empirique ne contient que ce que l'on rencontre dans l'intuition empirique contingente, tandis que l'autre contient ce qu'on doit nécessairement trouver dans l'intuition pure, puisque, à titre d'intuition *a priori*, c'est *avant toute expérience* ou toute perception singulière qu'elle est liée inséparablement au concept.

§ 8

Mais le pas que nous venons de faire paraît bien accroître la difficulté au lieu de la diminuer. Car voici que maintenant se pose la question : *comment est-il possible d'intuitionner quelque chose a priori* ? L'intuition, c'est une représentation de nature telle qu'elle dépend immédiatement de la présence de l'objet. Du coup, il paraît impossible d'intuitionner *a priori* de façon originaire, car | il faudrait alors que l'intuition se **282** produise en l'absence d'un objet présent soit antérieurement, soit actuellement, auquel elle se rapporte, et par conséquent elle ne pourrait être une intuition. Il est vrai qu'il y a bien des concepts tels que nous sommes capables d'en former quelques-uns tout à fait *a priori* : ceux qui n'impliquent que la pensée d'un objet en général, sans nous trouver en un rapport immédiat à l'objet, par exemple : le concept de grandeur, celui de cause etc. ; mais même ces concepts-là ont cependant besoin, pour acquérir valeur et sens, de quelque emploi *in concreto*, c'est-à-dire de l'application à une quelconque intuition, grâce à laquelle nous soit donné un objet de ces concepts. Mais l'*intuition* de l'objet, comment peut-elle bien précéder l'objet lui-même?

§9

S'il fallait que notre intuition fût de nature à nous représenter les choses *telles qu'elles sont en elles-mêmes*, alors aucune intuition n'aurait lieu *a priori*; l'intuition serait toujours empirique. Car ce que peut contenir l'objet en lui-même, je ne peux le savoir que s'il m'est présent et donné. Il est vrai que, même dans cette hypothèse, on ne peut pas concevoir comment l'intuition d'une chose présente pourrait me donner à connaître cette chose telle qu'elle est en soi, puisque ses propriétés ne pourraient pas s'acheminer jusqu'à ma faculté de représentation; mais admettons que cela soit possible: une telle intuition n'aurait pas lieu *a priori*, c'est-à-dire avant même que je me sois représenté l'objet; car, faute de pouvoir trouver un fondement de la relation entre ma représentation et l'objet, il faudrait donc la mettre au compte d'une pure inspiration. Donc la seule manière qui permette à mon intuition de précéder la réalité de l'objet et d'avoir lieu comme connaissance *a priori, c'est qu'elle ne contienne rien d'autre que la forme de la sensibilité, forme qui, dans ma subjectivité, précède toutes les impressions réelles grâce auxquelles je suis affecté par des objets.* Car, que les objets des sens ne puissent être intuitionnés que selon la forme de la sensibilité, je puis le savoir *a priori.* Il s'ensuit que, sur les objets des sens, des propositions sont possibles et valables, qui ne concernent que cette forme de l'intuition sensible; il s'ensuit en même temps, réciproquement, que les intuitions qui sont possibles *a priori*, ne peuvent jamais concerner d'autres choses que les objets de nos sens.

| § 10   **283**

Ainsi c'est seulement la forme de l'intuition sensible qui nous permet d'intuitionner *a priori* les choses; mais du coup elle nous permet seulement de connaître les objets tels qu'ils peuvent nous *apparaître* (à nos sens) et non pas tels qu'ils peuvent être en soi; et cette supposition est absolument nécessaire pour qu'on puisse admettre comme possibles des propositions synthétiques *a priori*, ou, dans le cas où il s'en trouve effectivement, pour qu'on puisse concevoir et déterminer à l'avance leur possibilité.

Or l'espace et le temps sont les intuitions sur lesquelles la mathématique pure fonde toutes ses connaissances et tous ses jugements, qui se présentent à la fois comme apodictiques et nécessaires; car il faut que la mathématique commence par présenter ses concepts dans l'intuition et la mathématique pure doit les présenter dans l'intuition pure; c'est-à-dire qu'il faut qu'elle les construise dans l'intuition, sans laquelle (puisqu'elle ne peut procéder que synthétiquement et non analytiquement, c'est-à-dire par analyse des concepts) il lui est impossible de faire un pas : c'est le cas tant que lui fait défaut l'intuition pure en laquelle seule peut être donnée la matière pour des jugements synthétiques *a priori*. La géométrie a pour fondement l'intuition pure de l'espace. L'arithmétique se forme ses concepts de nombre par addition successive des unités dans le temps, et surtout la mécanique pure ne peut former ses concepts du mouvement qu'en recourant à la représentation du temps. Or ces deux représentations sont de simples intuitions ; car si des intuitions des corps et de leurs changements (mouvement) on met de côté tout ce qui est empirique, c'est-à-dire tout ce qui relève de la sensation, il reste encore l'espace et le temps, qui par conséquent sont des intuitions pures : elles fondent *a priori* les précédentes et de ce fait on ne peut jamais les mettre elles-mêmes de côté ; du fait même que ce sont des intuitions pures *a priori*, elles démontrent qu'elles sont de simples formes de notre sensibilité qui doivent précéder toute intuition empirique, c'est-à-dire la perception d'objets réels, et conformément auxquelles des objets peuvent être connus *a priori*, mais à coup sûr uniquement comme ils nous apparaissent.

§ 11

Le problème posé dans cette section est donc résolu. La mathématique pure n'est possible comme connaissance synthétique *a priori* que parce qu'elle s'attache exclusivement

284 aux objets des sens dont | l'intuition empirique se fonde sur une intuition pure (de l'espace et du temps) et d'ailleurs *a priori* et donc comme pouvant se fonder sur elle, puisque celle-ci n'est autre que la simple forme de la sensibilité, forme qui précède l'apparition réelle des objets en la rendant en fait primordialement possible. Cependant ce pouvoir d'intuitionner *a priori* ne concerne pas la matière de l'apparition, c'est-à-dire ce qui en cette dernière est sensation, car c'est là ce qui constitue l'empirique, mais uniquement la forme de cette apparition, l'espace et le temps. Si l'on gardait le moindre doute sur le fait que ces derniers, loin d'être des déterminations inhérentes aux

choses en elles-mêmes, s'attachent uniquement à leur rapport à la sensibilité, je voudrais bien qu'on me dise comment on peut trouver possible de savoir *a priori*, donc avant qu'elles nous soient donc données, comment leur intuition peut-être constituée, ce qui cependant est bien ici le cas de l'espace et du temps. C'est au contraire tout à fait concevable, dès lors que l'on n'y voit rien de plus que les conditions formelles de notre sensibilité, et que les objets n'ont valeur que de phénomènes, car dans ce cas il est au moins possible que la forme de l'apparition, l'intuition pure, provienne de nous-mêmes, c'est-à-dire qu'elle soit une représentation *a priori*.

§ 12

A titre d'éclaircissement et de confirmation complémentaires, il suffit de considérer le procédé auquel il est habituel et absolument indispensable que les géomètres recourent. Toutes les démonstrations de l'égalité parfaite de figures données (lorsque l'une est en tous points substituable à l'autre) reviennent en fin de compte à ceci qu'elles coïncident ; ce qui n'est manifestement rien d'autre qu'une proposition synthétique qui repose sur l'intuition immédiate ; et il faut que cette intuition soit donnée de manière pure et *a priori*, sans quoi on ne pourrait tenir la proposition pour apodictiquement certaine : elle n'aurait qu'une certitude empirique. Cela signifierait seulement que c'est là ce qu'on observe toujours et elle ne vaut que dans les limites d'extension de notre perception. Que l'espace complet (qui n'est plus lui-même la limite d'un autre espace) ait trois dimensions, et que l'espace en général également ne puisse en avoir davantage, cela repose sur la proposition : en un point, il ne peut y avoir plus de trois lignes dont l'intersection soit rectangulaire ; or cette proposition ne peut être démontrée à partir de concepts, elle repose immédia-

285 tement sur l'intuition | et même sur l'intuition *a priori*, puisqu'elle est apodictiquement certaine. Que l'on puisse demander qu'une ligne doive être tirée à l'infini (*in indefinitum*) ou qu'une série de changements (espaces parcourus par le mouvement, par exemple) doive être poursuivie à l'infini, suppose à coup sûr une représentation de l'espace et du temps qui puisse ne dépendre que de l'intuition, précisément en ce qu'elle n'est en elle-même limitée par rien ; car jamais on n'aurait pu la conclure à partir de concepts. Ainsi la mathématique est bien fondée réellement sur de pures intuitions *a priori*, qui rendent possibles ses propositions synthétiques dont la valeur est apodictique ; et voilà pourquoi notre déduction transcendantale des concepts d'espace et de temps explique en même temps la possibilité d'une mathématique pure, que l'on pourrait certes accorder, mais que l'on ne pourrait en aucune façon comprendre sans une telle déduction et à défaut d'admettre ceci : « tout ce qui peut être donné à nos sens (au sens externe dans l'espace, au sens interne dans le temps) n'est intuitionné par nous que comme il nous apparaît, et non comme il est en lui-même ».

§ 13

Ceux qui ne parviennent pas encore à se détacher de la conception qui fait de l'espace et du temps des propriétés s'attachant aux choses en soi, peuvent exercer leur pénétration sur le paradoxe suivant ; s'ils en ont vraiment cherché la solution, libérés de leurs préjugés, au moins momentanément, ils peuvent soupçonner qu'il est pourtant possible que la réduction de l'espace et du temps à de simples formes de notre intuition sensible soit justifiée.

Si deux choses sont parfaitement identiques en tous les éléments qui sont connaissables en chacune d'entre-elles (en toutes les déterminations relevant de la grandeur et de la qualité), la conséquence nécessaire, c'est que dans tous les cas et sous tous les rapports on puisse substituer l'une à l'autre sans que la moindre différence notable puisse résulter d'une telle substitution. De ce fait c'est bien ce qui a lieu dans le cas des figures planes en géométrie ; mais diverses figures sphériques, malgré cette complète concordance interne, n'en montrent pas moins dans leur rapport externe une différence qui ne permet pas de substituer l'une à l'autre : par exemple, deux triangles sphériques dans les deux hémisphères, ayant un arc de l'équateur pour base commune, peuvent avoir côtés et angles égaux en telle sorte | qu'en en décrivant un à part et **286** complètement on n'y découvrira rien qui ne se trouve également dans la description de l'autre ; et pourtant l'un ne peut pas être mis à la place de l'autre (c'est-à-dire dans l'hémisphère opposé), et ici il y a par conséquent une distinction *interne* des deux triangles, qu'aucun entendement ne peut assigner comme intrinsèque et qui ne se manifeste que par le rapport externe dans l'espace. Mais je vais citer des cas plus ordinaires qu'on peut emprunter à la vie courante.

Que peut-il y avoir de plus semblable et de plus égal en tous points à ma main ou à mon oreille que leur image dans le miroir ? Et pourtant je ne puis substituer une main vue dans le miroir à son modèle ; car si c'est une main droite, dans le miroir c'est une main gauche et l'image de l'oreille droite est une oreille gauche qui ne peut en aucune façon se substituer à la première. Or il n'y a pas ici de différences internes qu'un entendement pourrait, à lui seul, penser; et pourtant, autant que les sens l'enseignent, les différences sont intrinsèques, car on peut bien trouver égalité et similitude entre main gauche et main droite, il n'en reste pas moins que l'on ne peut pas les enclore dans les mêmes limites (elles ne sont pas congruentes) : on ne peut pas mettre le gant d'une main à l'autre main. Or quelle est la solution ? Ces objets ne sont en rien les représentations des choses telles qu'elles sont en elles-mêmes, et telles que le seul entendement les connaîtrait; ce sont des intuitions sensibles, c'est-à-dire des apparitions dont la possibilité repose sur la relation entre certaines choses, en elles-mêmes inconnues, et quelque chose d'autre : notre sensibilité. Or l'espace est la forme de l'intuition externe de cette sensibilité, et la détermination interne de tout espace n'est possible que grâce à la détermination du rapport externe à tout l'espace, dont le premier est une partie (rapport au sens externe), autrement dit : la partie n'est possible que par le tout; ce cas n'est jamais celui des choses en elles-mêmes en tant qu'objets du seul entendement, c'est celui de simples phénomènes. De là vient également qu'aucun concept n'est à lui seul capable de nous permettre de rendre concevable la différence entre deux choses qui tout en étant semblables et égales n'en sont pas moins incongruentes (par exemple des escargots dont l'enroulement est inverse), nous ne pouvons le faire qu'en recourant au rapport à la main droite et à la main gauche, rapport qui est du ressort immédiat de l'intuition.

| REMARQUE I

La mathématique pure et notamment la géométrie pure, ne peut avoir de réalité objective qu'à la seule condition de concerner uniquement les objets des sens; mais on établit ce principe à propos de ceux-ci que notre représentation sensible n'est aucunement une représentation des choses en elles-mêmes, mais seulement de la manière dont celles-ci nous apparaissent. Il s'ensuit que les propositions de la géométrie ne sauraient être les déterminations d'une simple création de notre fantaisie poétique qui, à ce titre, ne sauraient être rapportées avec certitude à des objets réels; tout au contraire, il s'ensuit que c'est de façon nécessaire qu'elles valent pour l'espace et du même coup pour tout ce que l'on peut rencontrer dans l'espace, puisque l'espace n'est rien d'autre que la forme de tous les phénomènes externes et que c'est seulement sous cette forme que les objets des sens peuvent nous être donnés. La sensibilité, dont la forme fonde la géométrie, est ce sur quoi repose la possibilité des phénomènes externes; donc ces phénomènes ne contiennent jamais rien d'autre que ce que la géométrie leur prescrit. Il en irait tout autrement s'il fallait que les sens représentent les objets tels qu'ils sont en soi. Car en ce cas, de la représentation de l'espace que le géomètre prend pour fondement avec les propriétés de toutes sortes qu'il comporte, il ne s'ensuivrait pas encore que tout cela, y compris les conséquences qu'on en tire, devrait se trouver exactement tel quel dans la nature. On tiendrait l'espace du géomètre pour une pure fiction et on ne lui accorderait aucune validité objective, puisqu'on ne voit pas du tout comment les choses devraient s'accorder nécessairement avec l'image que nous nous chargeons nous-mêmes d'en former à l'avance. Mais si cette image ou plutôt cette intuition formelle est la propriété essentielle de notre sensibilité, moyen indispensable pour que des objets nous soient donnés, si d'autre part cette sensibilité ne représente pas les choses en elles-mêmes, mais uniquement leurs phénomènes, du coup il est très facile de concevoir et en même temps de prouver irréfutablement qu'il faut que tous les objets extérieurs de notre monde sensible s'accordent nécessairement en toute exactitude avec les propositions de la géométrie, puisque c'est la sensibilité elle-même qui rend primordialement possibles ces objets comme simples phénomènes grâce à sa forme d'intuition externe (l'espace) dont s'occupe le géomètre. Cela restera toujours un phénomène remarquable dans l'histoire de la philosophie qu'il fut un temps où même des mathématiciens, qui étaient en même temps philosophes, ont été pris de doute non pas assurément **288** sur l'exactitude | de leurs propositions géométriques en tant qu'elles concernaient simplement l'espace, mais sur leur validité objective ainsi que sur l'application à la nature de ce concept d'espace lui-même et de toutes ses déterminations géométriques ; car leur crainte, c'était qu'il soit parfaitement possible qu'une ligne dans la nature se trouve composée de points physiques et par conséquent le véritable espace dans l'objet composé de parties simples, en dépit du fait qu'il est tout à fait impossible que l'espace que le géomètre a en tête soit composé de cette façon. Il leur manquait de reconnaître que cet espace en pensée rend possible l'espace physique, c'est-à-dire l'extension de la matière elle-même ; que cet espace en pensée n'est aucunement la propriété des choses en elles-mêmes, mais qu'il est seulement une forme de notre faculté de représentation sensible ; que tous les objets dans l'espace sont de simples phénomènes, c'est-à-dire non pas les choses en elles-mêmes, mais les représentations de notre intuition sensible, et, comme l'espace tel que le géomètre en forme la pensée est très précisément la forme de l'intuition sensible que nous trouvons *a priori* en nous et qui contient le principe de la possibilité de tous les phénomènes externes (selon leur forme), il faut bien que ceux-ci concordent de manière nécessaire et parfaitement exacte avec les propositions du géomètre, car ces dernières, ce n'est nullement d'un concept controuvé qu'on les tire, mais bien du fondement subjectif de tous les phénomènes externes : la sensibilité elle-même. Il n'y a pas d'autre manière possible de mettre le géomètre à l'abri de toutes les chicanes d'une métaphysique superficielle touchant l'indubitable réalité objective de ses propositions, si surprenantes qu'elles puissent paraître à cette métaphysique, parce qu'elle ne remonte pas aux sources de leurs concepts.

REMARQUE II

Tout ce qui doit nous être donné comme objet doit nous être donné dans l'intuition. Or toute notre intuition ne peut se produire que grâce aux sens : l'entendement n'intuitionne rien, il ne fait que réfléchir. Or comme on vient de montrer que les sens ne nous donnent en aucun cas ni à aucun point à connaître les choses en elles-mêmes, mais uniquement leurs apparitions qui sont de simples représentations de la sensibilité, « alors il faut aussi que tous les corps ainsi que l'espace dans lequel ils se trouvent, nous les réduisions à de simples représentations en nous et il faut qu'ils n'existent nulle part ailleurs que dans notre seule pensée». N'est-ce pas là manifestement l'idéalisme?

L'idéalisme consiste à soutenir qu'il n'y a pas d'autres êtres que les êtres pensants; les autres choses, que nous **289** croyons percevoir | dans l'intuition, ne seraient que des représentations dans les êtres pensants; à ces représentations ne correspondrait aucun objet ayant une existence à l'extérieur de ces représentations. Tout au contraire, moi, je dis : des choses nous sont données comme objets de nos sens et existant hors de nous; mais nous ne sommes informés que de leurs apparitions, c'est-à-dire des représentations qu'elles produisent en nous en affectant nos sens. En conséquence j'accorde sans contredit qu'il y a en dehors de nous des corps, c'est-à-dire des choses, dont, tout en ne connaissant absolument pas ce qu'elles peuvent être en elles-mêmes, nous prenons connaissance grâce aux représentations que nous procure leur influence sur notre sensibilité; et c'est à ces choses que nous donnons le nom de « corps », mot qui signifie par conséquent simplement l'apparition de cet objet qui nous est inconnu, mais qui pour autant n'en est pas moins réel. Est-on fondé à qualifier ceci d'idéalisme ? C'en est même tout juste le contraire.

Que l'on puisse dire, sans contester pour cela l'existence réelle des choses extérieures, que nombre de leurs prédicats n'appartiennent pas à ces choses en elles-mêmes, mais uniquement à leurs apparitions et qu'elles n'ont aucune existence propre en dehors de notre représentation, c'est là quelque chose qui est généralement admis et accordé bien avant l'époque de *Locke*, mais surtout depuis cette époque. On met au nombre de tels prédicats : la chaleur, la couleur, le goût etc. Mais si, en outre, d'importantes raisons m'amènent à compter également au nombre des simples phénomènes les autres qualités des corps, celles qu'on appelle : qualités *premières* : l'étendue, le lieu, et de façon générale l'espace, avec tout ce qui en dépend (impénétrabilité ou matérialité, figure, etc.), on ne saurait invoquer la moindre raison pour juger cela inadmissible ; celui qui se refuse à considérer les couleurs comme des propriétés attachées à l'objet en lui-même pour en faire des modifications du sens de la vue, on ne peut le traiter d'idéaliste ; or on ne peut pas davantage qualifier ma doctrine d'idéaliste simplement parce que je trouve qu'il y a encore plus de propriétés, je vais jusqu'à dire *toutes les propriétés qui constituent l'intuition d'un corps*, qui appartiennent simplement à son phénomène : car l'existence de la chose qui apparaît ne se trouve de ce fait nullement supprimée, comme c'est le cas dans le véritable idéalisme ; ce qu'on montre seulement c'est que les sens ne nous permettent pas du tout de la connaître telle qu'elle est en elle-même.

Je voudrais bien savoir de quelle nature devraient être mes assertions pour qu'elles n'impliquent pas un idéalisme. Sans doute devrais-je dire de la représentation de l'espace non pas simplement qu'elle est parfaitement conforme au rapport | que **290** notre sensibilité entretient avec l'objet – car cela, je l'ai dit – mais aussi qu'elle ressemble entièrement à l'objet ; c'est là une assertion à laquelle je ne puis associer aucun sens : autant dire que la sensation du rouge offre une ressemblance avec la propriété du cinabre qui suscite en moi cette sensation.

REMARQUE III

On peut désormais écarter très aisément une objection facile à prévoir mais non avenue, selon laquelle « l'idéalité de l'espace et du temps transformerait le monde sensible tout entier en pure apparence ». On avait commencé par vicier toute intelligence philosophique de la nature de la connaissance sensible en faisant de la sensibilité un mode simplement confus de représentation qui nous permettrait bien encore de connaître les choses telles qu'elles sont sans cependant nous laisser le pouvoir d'amener à la conscience claire tout le contenu de telles représentations ; contre cette conception, nous avons prouvé que ce n'est pas dans cette différence de caractère logique entre la clarté et l'obscurité, mais bien dans la distinction génétique concernant l'origine de la connaissance elle-même que consiste la sensibilité, puisque la connaissance sensible ne représente pas du tout les choses telles qu'elles sont, mais seulement la manière dont elles affectent nos sens, et que par conséquent, ce qu'elle donne à la réflexion de l'entendement, ce n'est pas les choses elles-mêmes, mais simplement les phénomènes. Or, après cette rectification nécessaire, voilà qu'une méprise inexcusable et pour un peu délibérée fait naître l'objection que ma doctrine transforme toutes les choses du monde sensible en pure apparence.

Lorsque le phénomène nous est donné, nous restons entièrement libre de la manière dont nous allons former notre jugement à partir de ce phénomène. C'est que ce dernier repose sur les sens, tandis que le jugement repose sur l'entendement, et la seule question, c'est celle de la présence ou de l'absence de vérité dans la détermination de l'objet. Mais ce qui introduit la différence entre la vérité et le rêve, ce n'est pas la nature des représentations qui sont rapportées à l'objet, puisque dans les deux cas elles sont identiques, c'est leur connexion selon les règles qui déterminent la cohérence des représentations dans le concept d'un objet, et la mesure dans laquelle elles peuvent ou non coexister dans une expérience. Dès lors les phénomènes ne sont pas du tout en cause lorsque notre connaissance prend l'apparence pour la vérité, c'est-à-dire lorsque l'intuition, grâce à laquelle un objet nous est | donné, est prise pour le concept de l'objet ou même de l'exis- **291** tence de cet objet, que l'entendement peut seulement penser. Les sens nous représentent le cours des planètes comme s'effectuant tantôt en progression, tantôt en rétrogradation, et il n'y a en cela ni fausseté, ni vérité, puisque tant qu'on en reste au fait qu'en un premier temps il n'y a là que phénomène, on ne porte encore aucun jugement sur la nature objective de leur mouvement. Mais parce qu'un jugement faux peut aisément prendre naissance si l'entendement ne prend pas bien garde d'empêcher que ce mode subjectif de représentation ne soit tenu pour objectif, on dit que les planètes paraissent rétro- grader; cependant l'apparence n'est pas à mettre au compte des sens, mais bien de l'entendement, car c'est à lui seul qu'il revient de porter un jugement objectif à partir du phénomène.

De cette façon, lors même que nous ne réfléchissons pas à l'origine de nos représentations et que nous lions nos intuitions des sens, quel qu'en soit le contenu, dans l'espace et le temps selon les règles de la cohérence de toute connaissance en une expérience, apparence trompeuse ou vérité peuvent prendre naissance selon que nous aurons été imprudents ou circonspects; c'est uniquement l'usage qui est fait des représentations sensibles dans l'entendement et non pas leur origine qui est en cause. Tout de même, si je tiens toutes les représentations des sens ainsi que leur forme, l'espace et le temps, uniquement pour des phénomènes, si je tiens l'espace et le temps pour une simple forme de la sensibilité, forme que l'on ne trouve pas hors de la sensibilité dans les objets, et si je n'emploie de telles représentations qu'en référence à l'expérience possible, alors le fait que je tienne ces représentations pour des apparitions ne recèle pas le moindre pouvoir d'induire en erreur, autrement dit aucune apparence ; car cela n'empêche en rien qu'elles puissent être correctement liées ensemble dans l'expérience selon les règles de la vérité. Dans ces conditions, que je regarde l'espace comme une simple forme de la sensibilité ou comme quelque chose qui est attaché aux choses elles-mêmes, les propositions de la géométrie valent pour l'espace aussi bien que pour tous les objets des sens, par suite relativement à toute expérience possible ; il est vrai que c'est seulement dans le premier cas que je suis à même de comprendre comment il est possible que j'aie un savoir *a priori* de ces propositions sur tous les objets de l'intuition externe ; mais, cela mis à part, relativement à toute expérience seulement possible tout continue à se passer comme si je n'avais pas entrepris de m'écarter comme je l'ai fait de l'opinion commune.

Mais si je m'aventure à dépasser toute expérience possible avec mes concepts d'espace et de temps – ce qui est inévitable si je les fais passer pour des propriétés inhérentes aux choses 292 elles-mêmes | (car qu'est-ce qui pourrait m'empêcher de prétendre qu'ils continuent à être valables pour ces mêmes choses lors même que l'organisation de mes sens serait différente et que ceux-ci leur soient adaptés ou non ?), alors il se peut que prenne naissance une grave erreur qui repose sur une apparence, en donnant pour universellement valable une condition de l'intuition des choses qui s'attachait à ma seule subjectivité et qui valait de façon certaine pour tous les objets des sens, donc pour toute expérience seulement possible, en prétendant la rapporter aux choses elles-mêmes au lieu de la restreindre aux conditions de l'expérience.

Ainsi, bien loin de réduire le monde sensible en son entier à une simple apparence, ma théorie de l'idéalité de l'espace et du temps est bien plutôt l'unique moyen d'assurer l'application d'une connaissance, importante entre toutes : celle que la mathématique expose *a priori*, aux objets réels et d'empêcher qu'elle soit tenue pour une simple apparence ; en effet, en l'absence de cette découverte, il serait tout à fait impossible de décider si les intuitions d'espace et de temps, que nous n'empruntons à aucune expérience et qui se trouvent cependant *a priori* dans notre représentation ne sont pas de simples chimères spontanées engendrées, auxquelles ne correspondrait, de façon adéquate tout au moins, aucun objet ; il serait impossible de décider par conséquent si la géométrie elle-même n'est pas une simple apparence, alors qu'au contraire nous avons pu démontrer son incontestable validité relativement à tous les objets du monde sensible, précisément parce que ces objets sont de simples phénomènes.

En second lieu, bien loin de devoir transformer la vérité de l'expérience en simple apparence, mes principes, en faisant des représentations des sens de simples apparitions, sont bien plutôt l'unique moyen d'empêcher l'apparence transcendantale qui a de tout temps leurré la métaphysique, la condamnant ainsi à des efforts puérils pour attraper des bulles de savon, puisqu'on prenait les phénomènes, qui sont de simples représentations, pour les choses en elles-mêmes, ce qui a eu pour conséquence ces scènes curieuses de l'antinomie de la raison que j'évoquerai ultérieurement et qui se trouve surmontée par cette unique remarque : que le phénomène produit la vérité tant qu'on s'en sert dans l'expérience, mais ne produit que simple apparence sitôt qu'il en dépasse les limites et devient transcendant.

Par conséquent, puisque je laisse leur réalité aux choses que nous nous représentons par les sens et que c'est seulement **293** notre intuition sensible de ces choses que je | restreins à ne représenter en rien, pas même dans les pures intuitions d'espace et de temps, quoi que ce soit d'autre que le simple phénomène de ces choses, mais jamais la nature de ces choses en elles-mêmes, il n'y a là de ma part aucune imputation à la nature d'une apparence intégrale, et ma protestation contre tout soupçon d'idéalisme est si précise et si évidente qu'elle paraîtrait même superflue s'il n'existait des juges incompétents qui, en se plaisant à donner un nom ancien à tout ce qui s'écarte de leurs opinions aussi absurdes que répandues et en s'attachant à la lettre des dénominations philosophiques sans jamais s'inquiéter de leur esprit, sont toujours prêts à substituer leur propre illusion à des concepts bien déterminés qu'ils dénaturent et déforment du même coup. Car nul ne peut s'autoriser du fait que j'ai moi-même donné à ma théorie le nom d'idéalisme transcendantal pour le confondre avec l'idéalisme empirique de *Descartes* (encore que *Descartes* n'en fit qu'un problème dont le caractère insoluble laissait chacun libre de nier l'existence du monde corporel, puisqu'on ne pourrait jamais lui donner de réponse satisfaisante), ou avec l'idéalisme mystique et visionnaire de *Berkeley* (notre critique y porte bien plutôt remède, ainsi qu'aux chimères du même genre). En effet, ce que j'ai pour ma part appelé « idéalisme » ne concernait pas l'existence des choses (or c'est le fait de douter de cette existence qui constitue l'idéalisme au sens reçu de ce terme), car il ne m'est jamais venu à l'esprit d'en douter ; mon idéalisme concernait simplement la représentation sensible des choses, à laquelle appartiennent au premier chef espace et temps ; et en ce qui concerne l'espace et le temps, par suite, de façon générale en ce qui concerne tous les phénomènes, je me suis borné à montrer que ce ne sont pas des choses (mais de simples modes de représentation) et que ce ne sont pas non plus des déterminations qui appartiennent aux choses elles-mêmes. Or le mot « transcendantal » devait prémunir contre cette méprise, car chez moi il ne signifie jamais une relation de notre connaissance aux choses, mais uniquement une relation à la *faculté de connaître*. Cependant, plutôt que de voir encore ce mot donner occasion à une telle méprise, je préfère le retirer et voir mon idéalisme qualifié de « critique ». Mais s'il convient de rejeter en effet un idéalisme qui transforme en simples représentations les choses réelles (et non pas les phénomènes), quel nom faut-il donner à l'idéalisme qui, inversement, transforme les simples représentations en choses ? Je pense qu'on pourrait l'appeler : *idéalisme* rêveur pour le distinguer du précédent, qu'on peut qualifier de *visionnaire* ; mon propre idéalisme | qualifié de transcendantal, **294** ou mieux de *critique* aurait dû les écarter l'un et l'autre.

III

DEUXIÈME PARTIE
DE LA QUESTION TRANSCENDANTALE CAPITALE :
COMMENT LA SCIENCE PURE DE LA NATURE
EST-ELLE POSSIBLE?

§ 14

La *nature*, c'est l'*existence* des choses, en tant qu'elle est déterminée selon des lois universelles. Si la nature devait désigner l'existence des choses en *elles-mêmes*, nous ne pourrions jamais la connaître, ni *a priori*, ni *a posteriori*. *A priori*, ce serait impossible, car comment savoir ce qui revient aux choses en elles-mêmes? Cela ne saurait se faire par décomposition de nos concepts (propositions analytiques), car ce que je veux savoir, ce n'est pas ce qui est contenu dans mon concept d'une chose (car c'est à son être logique que cela appartient), mais bien ce qui s'ajoute à ce concept dans la réalité de la chose, et ce qui permet à la chose d'être déterminée dans son existence en dehors de mon concept. Mon entendement, avec les conditions qui lui sont indispensables pour lier les déterminations des choses en leur existence, ne prescrit aucune règle aux choses en elles-mêmes; ce n'est pas elles qui se règlent sur mon entendement, c'est mon entendement qui devrait se régler sur elles; il faudrait donc qu'elles me soient préalablement données pour que j'en puisse tirer ces déterminations; mais en ce cas, on ne les connaîtrait pas *a priori*.

A posteriori, cette connaissance des choses de la nature en elles-mêmes serait tout aussi impossible. Car si c'est l'expérience qui doit m'enseigner les *lois* auxquelles est soumise l'existence des choses, il faudrait que ces lois, pour concerner les choses en elles-mêmes, leur reviennent de façon *nécessaire* même en dehors de mon expérience. Or l'expérience m'apprend bien ce qui existe et comment cela existe, mais elle ne m'apprend jamais qu'il faut que cela existe nécessairement ainsi et pas autrement. Elle ne peut donc jamais enseigner la nature des choses en elles-mêmes.

§ 15

Or c'est un fait que nous disposons d'une science pure de la nature qui expose, *a priori* et avec toute la nécessité qu'on peut exiger des propositions | apodictiques, des lois auxquelles la nature est soumise. Il me suffit ici d'en appeler au témoignage de cette propédeutique à la théorie de la nature qui, sous le titre de science générale de la nature, précède toute physique (fondée sur des principes empiriques). On y trouve la mathématique appliquée aux phénomènes, ainsi que des principes uniquement discursifs (par concepts), qui constituent la partie philosophique de la connaissance pure de la nature. Il est vrai qu'on y trouve également beaucoup de choses qui ne sont pas pures et indépendantes des sources de l'expérience : telles le concept du *mouvement*, de l'*impénétrabilité* (sur laquelle repose le concept empirique de matière), de l'*inertie*, etc., qui s'opposent à ce qu'on la qualifie de science de la nature tout à fait pure ; ajoutons qu'elle ne concerne que les objets des sens externes, et par conséquent qu'elle n'est pas l'exemple d'une science de la nature générale au sens strict, puisque c'est la nature en général, qu'elle concerne l'objet du sens externe ou du sens interne (l'objet de la physique ou celui de la psychologie), que celle-ci doit soumettre à des lois universelles. Il n'en est pas moins vrai que, parmi les principes de cette physique générale, il s'en trouve certains qui possèdent réellement l'universalité que nous demandons ; ainsi la proposition : la *substance demeure et subsiste ; tout ce qui arrive* est toujours *prédéterminé* selon des lois constantes *par une cause* etc. Ce sont là des lois de la nature réellement universelles, qui sont tout à fait *a priori*. Il y a donc bien en fait une science de la nature qui est pure, et dès lors, la question se pose : *comment est-elle possible* ?

§ 16

Le mot : nature prend encore un autre sens, celui qui détermine *l'objet*, alors que le sens précédent signifiait seulement que les déterminations de l'existence des choses en général sont *conformes à des lois*. Donc la nature, considérée *materialiter*, *c'est l'ensemble de tous les objets de l'expérience*. C'est uniquement à celle-ci que nous avons affaire ; car autrement, pour connaître en leur nature des choses qui ne pourraient jamais devenir objet d'une expérience, il nous faudrait recourir à des concepts dont la signification ne pourrait jamais être donnée *in concreto* (dans quelque exemple d'une expérience possible); nous en serions donc réduits à forger, sur la nature de ces choses, des concepts tels que nous serions tout à fait incapables de décider de leur réalité, de dire s'ils se rapportent réellement à des objets ou s'ils n'ont d'autre

296 | existence que mentale. De ce qui ne peut être un objet de l'expérience, la connaissance serait hyperphysique; ce n'est nullement à une connaissance de ce genre que nous avons affaire ici, mais bien à la connaissance de la nature, dont la réalité peut être confirmée par l'expérience, encore qu'elle soit possible *a priori* et qu'elle précède toute expérience.

§ 17

L'élément *formel* de la nature prise en ce sens restreint consiste donc en ce que tous les objets de l'expérience sont soumis à des lois, et, dans la mesure où on connaît ces lois *a priori*, en ce qu'ils leur sont *nécessairement* soumis. D'autre part on vient de montrer qu'on ne peut jamais connaître *a priori* les lois de la nature, si au lieu d'en considérer les objets dans leur rapport à une expérience possible, on les traite comme des choses prises en elles-mêmes. Mais aussi bien ce n'est pas aux choses en elles-mêmes que nous avons affaire ici (nous ne décidons pas de leurs propriétés), mais simplement aux choses comme objet d'une expérience possible et c'est proprement leur ensemble que nous appelons ici : nature. Or voici maintenant la question que je pose : lorsqu'il s'agit de la possibilité d'une connaissance *a priori* de la nature, quelle est la meilleure formulation du problème? Faut-il se demander comment il est possible de connaître *a priori* la nécessaire

soumission aux lois des *choses* comme objets de l'expérience ?
ou bien la nécessaire soumission aux lois de l'*expérience* elle-
même à l'égard de tous ses objets en général ?

A y bien regarder, la solution de la question, que celle-ci
soit présentée d'une manière ou de l'autre, revient exactement
au même en ce qui concerne la connaissance pure de la nature
(qui constitue proprement le nœud du débat). Car les lois subjectives, indispensables pour que soit possible une connaissance des choses dans une expérience, valent également pour
ces choses comme objets d'une expérience possible (assurément elles ne valent pas pour ces choses prises en elles-mêmes,
mais aussi bien ce n'est pas de ces dernières que nous nous
occupons présentement). Cela revient exactement au même
que je dise : il est à jamais impossible qu'un jugement de
perception prenne valeur d'expérience à défaut de la loi
énonçant qu'un événement dès lors qu'il est perçu est toujours
rapporté à quelque chose d'antécédent auquel il succède selon
une règle universelle – ou que je m'exprime ainsi : tout ce dont
l'expérience m'enseigne qu'il se produit doit avoir une cause.

| C'est cependant la première formule qu'il convient de **297**
préférer. Car c'est tout à fait *a priori* et avant qu'aucun objet
nous soit donné que nous pouvons avoir une connaissance des
conditions indispensables pour que soit possible une expérience relative à ces objets, alors que nous ignorons tout à fait à
quelles lois peuvent être soumis les objets en eux-mêmes en
l'absence de référence à l'expérience possible : par conséquent
la seule manière pour nous d'étudier *a priori* la nature des
choses, c'est de rechercher les conditions et les lois universelles (bien que subjectives) indispensables pour qu'une
telle connaissance soit possible comme expérience (selon la

forme uniquement), et de déterminer en conséquence la possibilité des choses comme objets de l'expérience. Car si je préférais la seconde manière de m'exprimer et si je cherchais les conditions *a priori* indispensables pour que la nature soit possible comme *objet* de l'expérience, je pourrais aisément me méprendre et m'imaginer que j'ai à parler de la nature comme d'une chose en elle-même, auquel cas je me verrais réduit à déployer sans fin de vains efforts pour chercher des lois à des choses dont rien ne m'est donné.

Ainsi c'est uniquement à l'expérience que nous aurons affaire ici, ainsi qu'aux conditions de sa possibilité, conditions universelles et données *a priori*, et c'est à partir de là que nous déterminerons la nature comme l'objet total de toute expérience possible. Je pense que l'on me comprendra : je ne veux pas dire par là des règles de l'*observation* d'une nature déjà donnée, lesquelles présupposent déjà l'expérience, donc je ne veux pas parler de la manière dont (par expérience) nous pouvons, auprès de la nature, nous instruire des lois qui sont les siennes, car dans ce cas, ce ne seraient pas des lois *a priori* et elles ne procureraient nullement une science pure de la nature ; mon propos, c'est la manière dont les conditions *a priori* de la possibilité de l'expérience sont en même temps les sources d'où il faut dériver toutes les lois universelles de la nature.

§ 18

Il nous faut donc commencer par faire la remarque suivante : il est bien vrai que tous les jugements d'expérience sont empiriques, en ceci qu'ils ont leur fondement dans la perception immédiate des sens ; mais on ne saurait dire réci-

proquement que tous les jugements empiriques sont pour
autant des jugements d'expérience ; car outre ce qui est empirique et de façon générale outre ce qui est donné à l'intuition
sensible, il faut encore que s'ajoutent des concepts particuliers, qui ont leur origine tout à fait *a priori* dans l'entendement pur, sous lesquels chaque perception peut tout d'abord
être subsumée et grâce auxquels elle peut ensuite être
transformée en expérience.

| *Des jugements empiriques, dans la mesure où ils ont* **298**
validité objective, sont des *jugements d'expérience* ; quant à
ceux *qui ne valent que subjectivement*, je leur donne le nom de
simples *jugements de perception*. Ces derniers n'ont besoin
d'aucun concept pur d'entendement, il suffit que la perception
soit liée logiquement dans un sujet pensant. Les premiers
au contraire exigent toujours outre les représentations de
l'intuition sensible, des concepts *particuliers produits de
manière originaire dans l'entendement*, qui ont précisément
pour résultat de faire que le jugement d'expérience est
objectivement valable.

Tous nos jugements commencent par être de simples
jugements de perception ; ils valent uniquement pour nous,
c'est-à-dire pour notre subjectivité, et ce n'est qu'ensuite que
nous leur procurons une nouvelle relation, la relation à un
objet, et que nous voulons qu'ils soient également valables
pour nous toujours et de même pour chacun ; car lorsqu'un
jugement s'accorde à un objet, il faut que tous les jugements
sur le même objet s'accordent également entre eux, et la validité objective du jugement d'expérience ne veut rien dire
d'autre que sa nécessaire validité universelle. Mais réciproquement aussi, si nous trouvons motif à tenir un jugement pour

universellement valable de façon nécessaire (ce qui ne repose
jamais sur la perception, mais sur le concept pur d'entendement sous lequel la perception est subsumée), il faut que nous
le tenions aussi pour objectif, ce qui veut dire qu'il n'énonce
pas simplement une relation de la perception à un sujet, mais
une manière d'être de l'objet; car il n'y aurait pas de raison
pour que les jugements des autres s'accordent aux miens
s'il n'y avait pas l'unité de l'objet auquel tous se rapportent,
auquel ils s'accordent et auquel, de ce fait ils doivent
également tous de s'accorder entre eux.

§ 19

De là vient que la validité objective et la validité
universelle nécessaire (pour quiconque) sont des concepts
réciproques, et tout en ne sachant pas ce qu'est l'objet en soi,
quand nous considérons un jugement comme universellement
valable et par conséquent comme nécessaire, c'est la validité
objective que l'on entend précisément par là. Par ce jugement
nous connaissons l'objet (lors même que par ailleurs ce
qu'il peut être en lui-même nous demeure inconnu) grâce à la
liaison nécessaire et universellement valable des perceptions
données; et comme c'est le cas de tous les objets des sens, ce
299 n'est pas à la | connaissance immédiate de l'objet (car elle est
impossible), mais uniquement à la condition immédiate de la
validité universelle des jugements empiriques que les jugements d'expérience emprunteront leur validité objective, et
comme nous l'avons dit, ce n'est jamais sur les conditions
empiriques, ou même sensibles en général, mais bien sur un
pur concept d'entendement que repose cette validité uni-

verselle. L'objet demeure en lui-même à jamais inconnu ; mais lorsque, grâce au concept d'entendement, la liaison des représentations qui sont données de cet objet à notre sensibilité est déterminée comme valable universellement, alors l'objet est déterminé grâce à cette relation et le jugement est objectif.

Rendons cela plus clair. La pièce est chaude, le sucre est doux, l'absinthe est désagréable, ce sont là des jugements dont la valeur est simplement subjective [1]. Je ne prétends nullement que moi-même je doive en juger ainsi en tout temps ou que quiconque doive en juger comme moi ; ces jugements expriment seulement une relation de deux sensations au même sujet, c'est-à-dire à moi-même et encore uniquement en l'état actuel de ma perception, et, de ce fait, ils ne doivent pas valoir non plus pour l'objet ; ce sont de tels jugements que j'appelle « jugements de perception ». Il en va tout autrement du jugement d'expérience. Ce que l'expérience m'apprend en de certaines circonstances, il faut qu'elle me l'apprenne en tout temps et qu'elle l'apprenne à quiconque également, et sa validité ne se restreint pas au sujet ou à son état momentané.

1. Je conviens volontiers que ce ne sont pas là des exemples de jugements de perception qui pourraient jamais devenir des jugements d'expérience lors même qu'on y adjoindrait un concept d'entendement, parce qu'ils se rapportent simplement au sentiment dont chacun reconnaît qu'il est simplement subjectif et par conséquent que l'on n'a jamais le droit de l'attribuer à l'objet, et parce que, de ce fait, ils ne peuvent jamais devenir objectifs ; je voulais seulement pour le moment donner un exemple du jugement qui a valeur simplement subjective, où l'on ne trouve aucun motif à lui accorder validité universelle et nécessaire et à la rapporter ainsi à l'objet. On trouvera dans la note suivante un exemple de jugements de perception que l'adjonction d'un concept d'entendement transforme en jugements d'expérience.

Voilà pourquoi j'énonce de tels jugements comme objectivement valables. Quand je dis, par exemple : l'air est élastique,
ce jugement n'est tout d'abord qu'un jugement de perception
où je me contente de rapporter l'une à l'autre deux sensations
telles que mes sens me les procurent. Pour que je puisse en
faire un jugement d'expérience, j'exige que cette connexion
soit soumise à une condition qui la rende universellement
valable. Il faut donc que la même perception dans les mêmes
circonstances m'impose à moi en tout temps ainsi qu'à
quiconque d'établir une connexion nécessaire.

300 | § 20

En conséquence, il faudra que nous analysions
l'expérience en général pour voir ce que recèle ce produit des
sens et de l'entendement, et pour voir comment est possible le
jugement d'expérience lui-même. Le fondement, c'est l'intuition dont j'ai conscience, c'est-à-dire la perception (*percep-
tio*), qui relève uniquement des sens. Mais en second lieu intervient aussi le jugement (qui est le fait du seul entendement). Or
ce jugement peut prendre deux formes : la première lorsque je
me contente de comparer les perceptions et de les unir dans une
conscience de mon état ; la seconde lorsque je les unis dans une
conscience en général. Le premier jugement est un simple
jugement de perception et n'a à ce titre qu'une valeur subjective ; il se contente d'unir les perceptions dans l'état de
mon esprit, sans les rapporter à l'objet. Donc, pour qu'il y ait
expérience, il ne suffit pas, comme on se le figure ordinairement, de comparer des perceptions et de les unir en une
conscience au moyen du jugement ; car il ne résulte de là

aucune validité universelle ni aucune nécessité du jugement, lesquelles sont indispensables pour qu'il puisse valoir objectivement et être une expérience.

Donc il intervient encore un jugement tout différent avant que l'expérience se produise à partir de la perception. Il faut que l'intuition donnée soit subsumée sous un concept qui détermine la forme du jugement en général relativement à l'intuition, lie dans une conscience en général la conscience empirique de cette intuition et procure ainsi la validité universelle au jugement empirique; un tel concept est un pur concept *a priori* d'entendement, qui ne fait rien d'autre que de déterminer de façon générale la manière dont une intuition peut servir aux jugements. Admettons qu'un tel concept soit le concept de cause : il détermine l'intuition qui est subsumée sous lui, par exemple celle de l'air relativement à l'expansion dans le rapport d'antécédent à conséquent dans un jugement hypothétique. Le concept de cause est donc un pur concept d'entendement qui est tout à fait distinct de toute perception possible et il sert uniquement à déterminer cette représentation qui est contenue sous lui relativement au jugement en général, donc à rendre possible un jugement universellement valable.

Or pour qu'un jugement de perception puisse devenir un jugement d'expérience, il est préalablement requis que la perception | soit subsumée sous un tel concept d'entendement ; par **301** exemple l'air relève du concept de cause qui détermine comme hypothétique le jugement sur l'air relativement à l'expansion[1].

---

1. Pour avoir un exemple plus facile à saisir, que l'on prenne celui-ci : lorsque le soleil éclaire la pierre, celle-ci devient chaude. Ce jugement est un simple jugement de perception et ne contient aucune nécessité, si souvent que

Dès lors ce n'est plus simplement comme appartenant à ma perception de l'air dans mon état d'esprit, ou dans plusieurs de mes états d'esprit, ou dans l'état de perception d'autrui, qu'on se représente l'expansion ; on se la représente comme lui appartenant de *façon nécessaire*, et le jugement : « l'air est élastique », devient universellement valable ; il doit sa transformation primordiale en jugement d'expérience à l'intervention préalable de certains jugements qui subsument l'intuition de l'air sous le concept de cause et d'effet ; ceux-ci déterminent les perceptions non pas simplement de manière relative les unes par rapport aux autres dans ma subjectivité, mais bien par rapport à la forme du jugement en général (dans cet exemple, il s'agit de la forme du jugement hypothétique), et c'est de cette manière qu'ils rendent le jugement empirique universellement valable.

Quiconque analyse tous ses jugements synthétiques, en tant qu'ils ont une valeur objective, découvre qu'ils ne consistent jamais en simples intuitions qu'une simple comparaison suffirait, comme on le croit d'ordinaire, à lier dans un jugement ; il trouve qu'ils seraient impossibles si, aux concepts tirés de l'intuition, ne venait encore s'ajouter un pur concept d'entendement, sous lequel ces concepts ont été subsumés

---

moi-même et d'autres hommes aient perçu cela ; c'est seulement de façon habituelle que les perceptions sont ainsi liées. Mais si je dis : le soleil *échauffe* la pierre, c'est qu'à la perception se surajoute un concept d'entendement, celui de cause, qui rattache de *façon nécessaire* le concept de lumière du soleil à celui de chaleur et le jugement synthétique acquiert une validité nécessaire et universelle, par conséquent une valeur objective ; il change une perception en expérience.

et de ce fait liés de manière primordiale en un jugement objectivement valable. Même les jugements de la mathématique pure dans ses axiomes les plus simples ne sont pas soustraits à cette condition. Le principe : « la ligne droite est la plus courte entre deux points » suppose que la ligne soit subsumée sous le concept de grandeur ; à coup sûr ce concept n'a rien d'une simple intuition, il ne peut avoir son siège que dans l'entendement ; il sert à déterminer l'intuition (de la ligne) relativement aux jugements qui peuvent être portés sur celle-ci au point de vue de sa quantité, en l'espèce, au point de vue de la pluralité (à titre | de *judicia plurativa*)[1] voulant dire par là que plusieurs **302** éléments homogènes sont contenus dans une intuition donnée.

§ 21

Pour montrer la possibilité de l'expérience en tant qu'elle repose *a priori* sur les concepts purs de l'entendement, il nous faut donc maintenant commencer par représenter dans une table exhaustive ce qui appartient au jugement en général, ainsi que les différents moments de l'entendement dans ces concepts ; car c'est de façon très exactement parallèle au

---

1. J'aimerais mieux qu'on désigne ainsi les jugements que la Logique qualifie de *particularia*. Car cette dernière dénomination contient déjà la pensée qu'ils ne sont pas universels. Mais partant de l'Unité (dans les jugements singuliers), lorsque je m'achemine à la *Totalité*, je ne peux encore adjoindre aucune relation à la Totalité ; je me contente de penser la Pluralité en l'absence de la Totalité, et non pas à l'exclusion de la Totalité. Cette distinction est indispensable dès qu'on veut faire des moments logiques les fondements des purs concepts de l'entendement ; dans l'usage logique, on peut en rester à la dénomination ancienne.

décompte de ces moments que se fera celui des concepts purs de l'entendement, qui ne sont rien de plus que des concepts d'intuitions en général, en tant que ces intuitions sont en elles-mêmes, par conséquent de façon nécessaire et universelle, déterminées en jugements relativement à tel ou tel de ces moments. Par là même seront déterminés avec une entière précision les principes *a priori* de la possibilité de toute expérience à titre de connaissance empirique objectivement valable. Car ces principes ne sont rien d'autre que les propositions qui subsument toute perception (conforme à certaines conditions universelles de l'intuition) sous ces concepts purs de l'entendement.

TABLE LOGIQUE DES JUGEMENTS

1
Selon la quantité
Universels
Particuliers
Singuliers

2		3
Selon la qualité		*Selon la relation*
Affirmatifs		Catégoriques
Négatifs		Hypothétiques
Infinis		Disjonctifs

4
Selon la modalité
Problématiques
Assertoriques
Apodictiques

TABLE TRANSCENDANTALE DES CONCEPTS
DE L'ENTENDEMENT

1

Selon la quantité
Unité (la mesure)
Pluralité (la grandeur)
Totalité (le tout)

2
Selon la qualité
Réalité
Négation
Limitation

3
Selon la relation
Substance
Cause
Communauté

|4
Selon la modalité
Possibilité
Existence
Nécessité

303

TABLE PHYSIOLOGIQUE PURE DES PRINCIPES UNIVERSELS
DE LA SCIENCE DE LA NATURE

1
Axiomes
de l'intuition

2
Anticipations
de la perception

3
Analogies
de l'expérience

4
Postulats
de la pensée
empirique
en général

| § 21a

Pour résumer d'un mot tout ce qui vient d'être dit, il est de nécessité primordiale de rappeler au lecteur qu'il ne s'agit pas ici de l'origine de l'expérience, mais de son contenu. La première question relève de la psychologie empirique et, même là, on ne pourrait jamais la traiter correctement sans s'attaquer à la seconde qui relève de la critique de la connaissance et spécialement de l'entendement.

L'expérience consiste en intuitions qui appartiennent à la sensibilité, et en jugements qui sont exclusivement l'affaire de l'entendement. Mais les jugements que l'entendement fait uniquement à partir des intuitions sensibles, il s'en faut encore de beaucoup que ce soit des jugements d'expérience. Car dans les premiers, le jugement se contenterait de lier les perceptions telles qu'elles sont données dans l'intuition sensible ; mais ce que doivent énoncer les jugements de la seconde espèce, c'est ce que contient l'expérience en général et par conséquent ce n'est pas ce que contient la simple perception, dont la validité est uniquement subjective. Il faut donc que le jugement d'expérience surajoute à l'intuition sensible et à sa connexion logique en jugement (après sa généralisation par comparaison) quelque chose qui détermine le jugement synthétique comme nécessaire et, par suite, comme universellement valable ; et ce quelque chose ne peut être rien d'autre que le concept qui représente l'intuition comme déterminée en elle-même relativement à une forme du jugement plutôt qu'aux autres, c'est-à-dire un concept de l'unité synthétique des intuitions, qui ne peut être représentée que par une fonction logique des jugements.

§ 22

En résumé, l'affaire des sens, c'est l'intuition; celle de l'entendement, c'est de penser. Or penser, c'est unifier des représentations en une conscience. Cette unification se produit ou bien relativement au sujet simplement, auquel cas elle est contingente et subjective, ou bien elle a lieu absolument, et elle est alors nécessaire ou objective. L'unification des représentations en une conscience, c'est le jugement. Donc penser équivaut à juger ou à rapporter des représentations à des jugements en général. Par suite, les jugements sont, ou bien simplement subjectifs, lorsque les représentations sont seulement rapportées à une conscience en un sujet et unifiées en elle, ou bien objectives, lorsqu'elles sont unifiées dans une conscience en général, c'est-à-dire, du coup, | nécessairement. **305** Les moments logiques de tous les jugements sont autant de manières possibles d'unifier les représentations en une conscience. Mais si ces mêmes moments servent de concepts, ce sont des concepts de l'unification *nécessaire* de ces représentations en une conscience, par conséquent les principes de jugements valables objectivement. Cette unification en une conscience est ou bien analytique, par l'identité, ou bien synthétique par la composition ou l'addition de représentations distinctes les unes avec les autres. L'expérience consiste dans la connexion synthétique des phénomènes (perceptions) en une conscience, en tant que cette connexion est nécessaire. Ainsi les concepts purs de l'entendement sont ceux sous lesquels toutes les perceptions doivent au préalable être subsumées avant de pouvoir servir aux jugements d'expérience, dans lesquels l'unité synthétique des perceptions est représentée comme nécessaire et universellement valable [1].

§ 23

Des jugements, en tant qu'on les considère simplement comme la condition de l'unification dans une conscience de représentations données, sont des règles. Ces règles, en tant qu'elles représentent l'unification comme nécessaire, sont des règles *a priori* et, dans la mesure où il n'y en a pas de supérieures, dont elles soient elles-mêmes dérivées, ce sont des principes. Or puisque, relativement à la possibilité de toute expérience, si on n'y considère que la forme de la pensée, il n'y a aucunes conditions des jugements d'expérience supérieures à celles qui font rentrer les phénomènes selon les 306 différentes formes de leur intuition sous | les concepts purs

---

1. Mais comment la thèse que des jugements d'expérience doivent impliquer nécessité dans la synthèse des perceptions s'accorde-t-elle avec la thèse, sur laquelle j'ai précédemment insisté à maintes reprises, que l'expérience en tant que connaissance *a posteriori* ne peut donner que des jugements contingents ? Lorsque je dis : l'expérience m'enseigne quelque chose, ce que je vise à tout coup, c'est la perception qui s'y trouve, par exemple, que la chaleur succède toujours à l'éclairement de la pierre par le soleil, et dans cette mesure la proposition d'expérience est toujours contingente. Que cet échauffement résulte nécessairement de l'éclairement par le soleil, c'est bien là le contenu du jugement d'expérience (grâce au concept de cause), mais cela, ce n'est pas l'expérience qui me l'apprend : à l'inverse, c'est à cette adjonction du concept de l'entendement (celui de cause) que l'on doit la production primordiale de l'expérience. Pour savoir comment la perception parvient à cette adjonction, il faut lire la *Critique*, au chapitre sur la faculté de juger transcendantale, p. 137, A 137 *sq.*

de l'entendement qui rendent le jugement empirique objectivement valable, ce sont bien là les principes *a priori* d'une expérience possible.

Or les principes de l'expérience possible sont en même temps les lois universelles de la nature, qui peuvent être connues *a priori*. Et ainsi se trouve résolu le problème posé dans notre deuxième question : *comment est possible la science pure de la nature* ? Car ici on donne entière satisfaction à ce que la forme d'une science exige de systématique, puisque, au-dessus des conditions formelles citées de tous les jugements en général, donc de toutes les règles en général que présente la Logique, il n'y en a plus de possibles. Alors que c'est un système logique qu'elles constituent, c'est un système transcendantal que forment les concepts qui y trouvent leur fondement parce qu'ils contiennent les conditions *a priori* de tous les jugements synthétiques et nécessaires ; enfin c'est un système physiologique, c'est-à-dire un système de la nature, que forment les principes au moyen desquels tous les phéno-mènes sont subsumés sous ces concepts : ce système précède toute connaissance empirique de la nature, la rend primordia-lement possible et de ce fait mérite proprement le nom de science universelle et pure de la nature.

§ 24

Le premier[1] de ces principes physiologiques subsume tous les phénomènes, comme intuitions dans l'espace et le temps

---

1. Il sera difficile de bien comprendre les trois paragraphes suivants sans avoir sous la main ce que la *Critique* dit de ces principes ; mais ils peuvent servir

sous le concept de la *grandeur*, ce qui en fait un principe de l'application des mathématiques à l'expérience. Le second subsume ce qui est proprement empirique, je veux dire la sensation qui désigne le réel des intuitions, non pas de façon directe sous le concept de la *grandeur*, puisque la sensation n'est pas une intuition qui *contiendrait* espace ou temps, bien qu'elle pose en l'un et l'autre l'objet qui lui correspond; mais il y a entre la réalité (représentation de sensation) et le zéro, c'est-à-dire le vide complet de l'intuition dans le temps, une différence qui a une grandeur, puisque entre chaque degré de chaleur et le froid absolu, entre chaque degré de pesanteur et la légèreté absolue, entre chaque degré de remplissement **307** de l'espace et | l'espace absolument vide, on peut toujours penser un degré encore moindre, ainsi que même entre une conscience et la complète inconscience (obscurité psychologique), il peut toujours y avoir des degrés encore moindres; de là vient qu'aucune perception n'est possible qui démontre un manque absolu, par exemple aucune obscurité psychologique qui ne puisse être considérée comme une conscience qui est seulement dépassée par une autre conscience plus forte, et il en va de même dans tous les cas de la sensation; voilà pourquoi même les sensations qui constituent la qualité propre des représentations empiriques (phénomènes) peuvent être anticipées par l'entendement grâce au principe suivant : toutes les sensations dans leur ensemble, par conséquent le réel de tout phénomène, ont des degrés; et telle est la seconde appli-

à en faire saisir plus facilement l'ensemble, et à prendre garde aux moments principaux.

cation de la mathématique (*mathesis intensorum*) à la science de la nature.

§ 25

Lorsqu'il s'agit du rapport des phénomènes et qu'au surplus il est uniquement question de leur existence, la détermination de ce rapport n'est pas mathématique, mais dynamique; elle ne peut jamais avoir valeur objective, donc valoir pour une expérience, si elle n'est pas soumise à des principes *a priori*, qui rendent primordialement possible la connaissance d'expérience relative à ces phénomènes. Il faut donc que ceux-ci soient subsumés : 1) sous le concept de substance qui fonde toute détermination de l'existence à titre de concept de la chose elle-même; ou bien 2) sous le concept d'un effet par rapport à une cause, s'il se trouve une succession entre les phénomènes, c'est-à-dire un événement; ou encore 3) sous le concept de communauté (action réciproque) pour que la simultanéité soit connue objectivement, c'est-à-dire par un jugement d'expérience; et c'est ainsi que des principes *a priori* fondent des jugements objectivement valables tout en étant empiriques; c'est-à-dire qu'ils fondent la possibilité de l'expérience, dans la mesure où celle-ci doit lier dans la nature des objets quant à leur existence. Ces principes sont proprement les lois de la nature que l'on peut qualifier de dynamiques.

Enfin, relève également des jugements d'expérience la connaissance de la concordance et de la connexion non pas tellement des phénomènes entre eux dans l'expérience que bien plutôt leur rapport à l'expérience en général; ce rapport unifie en un concept, soit l'accord des phénomènes avec les conditions formelles que l'entendement connaît, soit leur corrélation avec ce que les sens et la perception comportent de matériel, soit cet accord et cette corrélation ; par suite cet accord contient Possibilité, Réalité et Nécessité selon des lois universelles de la nature ; ce qui constituerait la méthodologie physiologique (distinction de la vérité et des hypothèses et des limites de la légitimité de ces hypothèses).

308 |

§ 26

Il faut reconnaître que cette troisième table des principes qui a été tirée de la *nature de l'entendement lui-même* selon la méthode critique présente une perfection très supérieure à toute autre pouvant être l'objet d'une vaine tentative, que ce soit dans le passé ou dans l'avenir, pour y parvenir en la tirant des *choses elles-mêmes* selon la méthode dogmatique : c'est que dans cette table tous les principes synthétiques *a priori* ont été établis de façon exhaustive et selon un principe : le pouvoir de juger en général, qui constitue l'essence de l'expérience au regard de l'entendement ; de la sorte, on peut être sûr qu'il n'existe plus aucun autre principe semblable (c'est une satisfaction que la méthode dogmatique ne peut jamais procurer) ; pourtant, il s'en faut de beaucoup que ce soit là le plus grand mérite de cette table.

Il faut prendre garde à l'argument qui révèle la possibilité de cette connaissance *a priori* et en même temps restreint tous ces principes à une condition qu'il ne faut jamais perdre de vue si l'on ne veut pas en venir à se méprendre sur ces principes et à leur accorder à l'usage une extension supérieure à la signification originaire que l'entendement leur accorde : ces principes ne contiennent les conditions d'une expérience possible en général que dans la mesure où cette expérience est soumise à des lois *a priori.* Ainsi je n'entends pas dire que ce sont les choses *en elles-mêmes* qui ont une grandeur, leur réalité un degré, leur existence une liaison des accidents en une substance, etc.; car tout cela est indémontrable puisqu'une telle connexion synthétique à partir de simples concepts est absolument impossible là où font défaut d'une part toute relation à l'intuition sensible, d'autre part toute connexion de cette intuition sensible dans une expérience possible. Telle est donc la limitation essentielle des concepts dans ces principes : c'est seulement en tant qu'objets de l'expérience que toutes choses sont nécessairement soumises *a priori* aux conditions susdites.

De là suit en second lieu que ces principes ont également un mode spécifique de preuve qui leur est propre : ce n'est même pas aux | phénomènes et à leur relation qu'ils sont **309** rapportés, mais à la possibilité de l'expérience, dont les phénomènes constituent seulement la matière, mais non la forme, donc à des propositions synthétiques valables objectivement et universellement, ce qui précisément différencie les jugements d'expérience des simples jugements de perception. Cela résulte : 1) de ce que les phénomènes en tant que simples intuitions, *qui occupent une partie* d'espace et de temps, se soumettent au concept de la grandeur, qui en unifie synthétiquement le divers *a priori* selon des règles; 2) de ce que, dans la mesure où la perception, outre l'intuition, contient aussi une sensation, entre laquelle et le zéro, c'est-à-dire son anéantissement complet, il y a toujours une transition par diminution, il faut que le réel des phénomènes ait un degré; ce n'est pas que la sensation elle-même occupe aucune partie d'*espace ou de* *temps*[1] mais passer à la sensation à partir du temps ou de l'espace vides n'est possible que dans le temps ; par suite, bien qu'on ne puisse jamais connaître *a priori* la sensation comme qualité de l'intuition empirique relativement à ce qui la différencie spécifiquement d'autres sensations, néanmoins on peut la différencier en intensité de toute autre sensation homogène, dans une expérience possible en général, comme grandeur de la perception : c'est à partir de là qu'est rendue primordialement possible et déterminée l'application de la mathématique à la nature relativement à l'intuition sensible grâce à laquelle cette nature nous est donnée.

Mais il faut surtout que le lecteur soit attentif au mode de démonstration des principes qui se présentent sous le nom d'Analogies de l'expérience. Car ces principes ne concernent pas, comme ceux de l'application de la mathématique à la science de la nature en général, la production des intuitions, 310 mais la connexion de leur existence en une expérience ; | ils ne sauraient donc consister en rien d'autre qu'en détermination

---

1. La chaleur, la lumière, etc., sont aussi grandes (en degré) dans un petit espace que dans un grand ; de même, dans les représentations internes, la douleur, la conscience en général ne sont pas plus petites en degré, qu'elles durent peu ou longtemps. En conséquence, la grandeur ici est dans un point et dans un instant aussi grande que dans tel autre espace ou temps aussi grands qu'on veut. Des degrés sont donc plus grands, non cependant dans l'intuition, mais selon la simple sensation ou également selon la grandeur de la cause d'une intuition et ce n'est que par le rapport de 1 à 0, c'est-à-dire par le fait que chacun d'eux peut diminuer par une infinité de degrés intermédiaires jusqu'à l'évanouissement, ou s'accroître, à partir du zéro, par une infinité de moments d'accroissements jusqu'à une sensation déterminée dans un temps donné, ce n'est donc que par là qu'ils peuvent être estimés comme des grandeurs (*quantitas qualitatis est gradus*).

de l'existence dans le temps selon des lois nécessaires, auxquelles il est indispensable qu'elle soit soumise pour être objectivement valable et par conséquent expérience ; de ce fait la preuve concerne l'unité synthétique dans la connexion non pas *des choses en elles-mêmes*, mais bien des perceptions, et même des *perceptions* non pas relativement à leur contenu, mais relativement à la détermination du temps et au rapport de l'existence dans le temps selon des lois universelles. Ces lois universelles contiennent donc la nécessité de la détermination de l'existence dans le temps en général (par suite selon une règle *a priori* de l'entendement), pour que la détermination empirique dans le temps relatif soit objectivement valable, donc qu'elle soit expérience. Ici, dans les Prolégomènes, tout ce que je puis faire, c'est de munir d'une recommandation le lecteur qui est accoutumé depuis longtemps à prendre l'expérience pour une composition empirique des perceptions et qui ne pense pas que, loin de s'en tenir à ces perceptions elle les dépasse de beaucoup, puisqu'elle donne une validité universelle aux jugements empiriques et qu'il faut pour cela la condition *a priori* préalable d'une pure unité d'entendement : qu'il prenne bien garde à distinguer l'expérience d'un simple agrégat de perceptions et qu'il apprécie le mode de démonstration en se plaçant à ce point de vue.

§ 27

C'est ici le lieu de dissiper complètement le doute de *Hume*. Il soutenait à bon droit que la raison ne nous permet en aucune façon d'apercevoir la possibilité de la causalité, relation entre l'existence d'une chose et l'existence d'une autre qui soit posée nécessairement par la première. J'ajoute que nous n'apercevons pas davantage le concept de subsistance, c'est-à-dire la nécessité que l'existence d'une chose soit fondée sur un sujet qui ne puisse être lui-même le prédicat d'aucune autre chose ; je vais même jusqu'à ajouter que nous ne pouvons nous faire aucun concept de la possibilité d'une telle chose (encore que nous soyons capables de désigner dans l'expérience des exemples de son emploi) ; et tout pareillement que cette inconcevabilité concerne également la communauté des choses ; car on n'aperçoit pas du tout comment de l'état d'une chose on pourrait conclure à l'état de choses tout autres qui lui sont extérieures et réciproquement, ni comment des substances, dont chacune a cependant bien sa propre existence à part, doivent dépendre les unes des autres, et même de façon nécessaire. Néanmoins je suis bien éloigné de considérer que ces concepts | sont simplement empruntés à l'expérience et que la nécessité qui s'y trouve représentée est une simple apparence controuvée dont nous leurre une longue habitude ; j'ai au contraire suffisamment montré que ces concepts, ainsi que les principes qui en découlent, précèdent *a priori* toute expérience, et qu'ils possèdent bien une validité objective indubitable, mais qu'ils ne la possèdent, il est vrai, que relativement à l'expérience.

311

§ 28

Il est donc bien vrai que je n'ai pas le moindre concept d'une telle connexion des choses en elles-mêmes, telles qu'elles existent comme substances ou qu'elles agissent comme causes ou qu'elles peuvent se trouver en communauté avec d'autres (comme parties d'un tout réel) ; et que je suis encore moins capable de penser de telles propriétés en les attribuant aux phénomènes en tant que phénomènes (car ces concepts ne contiennent rien qui réside dans les phénomènes, mais ils contiennent ce que seul l'entendement doit penser). Pourtant, le concept d'une telle connexion des représentations, c'est dans notre entendement que nous l'avons, et plus précisément dans les jugements en général : je veux dire que les représentations appartiennent à une première espèce de jugements à titre de sujet en relation avec des prédicats, à une seconde espèce, à titre de principe en relation à la conséquence, à une troisième, à titre de parties dont l'ensemble constitue le tout d'une connaissance possible. Bien plus, nous connaissons *a priori* que si nous ne considérions pas la représentation d'un objet comme déterminée relativement à l'un ou l'autre de ces moments, nous ne pourrions avoir une connaissance qui ait valeur de connaissance de l'objet ; et si c'était de l'objet en lui-même que nous nous occupions, il n'y aurait pas un seul caractère possible qui me permettrait de connaître que l'objet est déterminé relativement à l'un ou l'autre des moments que nous avons dits, c'est-à-dire de connaître qu'il relève du concept de substance, ou de cause, ou (en relation à d'autres substances) du concept de communauté ; car je ne possède aucun concept de la possibilité d'une telle connexion de l'existence. Mais aussi bien la question n'est pas de savoir comment sont déterminées les choses en elles-mêmes ; il s'agit de savoir comment est déterminée la connaissance de l'expérience des choses relativement aux moments précités des jugements en général, c'est-à-dire comment les choses en tant qu'objets de l'expérience peuvent et doivent être subsumées sous ces concepts de l'entendement. Et là il est clair que j'aperçois parfaitement non seulement la possibilité, mais même la nécessité de subsumer tous les phénomènes sous ces concepts, c'est-à-dire de les utiliser comme principes de la possibilité de l'expérience.

312 | § 29

Pour mettre à l'épreuve le concept problématique de *Hume* (selon lui, instance cruciale des métaphysiciens – *crux metaphysicorum*), le concept de cause, ce qui m'est d'abord donné *a priori* par la Logique c'est la forme d'un jugement conditionnel en général, c'est-à-dire une connaissance donnée à utiliser comme principe, et l'autre comme conséquence. D'autre part, il est possible qu'on trouve dans la perception une règle du rapport énonçant qu'à un certain phénomène succède de façon constante un autre phénomène (sans que la réciproque soit vraie) ; c'est alors le cas de me servir du jugement hypothétique, et de dire, par exemple : si un corps est éclairé assez longtemps par le soleil, il devient chaud. Or assurément il n'y a pas encore ici une nécessité de connexion, donc pas encore le concept de cause. Mais je poursuis en disant : pour que la proposition précédente, qui n'est qu'une connexion subjective des perceptions, soit une proposition d'expérience, il faut qu'elle soit considérée comme valable de façon nécessaire et universelle. Or une telle proposition serait la suivante : le soleil est par sa lumière la cause de la chaleur. La précédente règle empirique est désormais considérée comme loi ; plus précisément, on ne la considère pas comme valant pour les phénomènes simplement, mais bien pour les phénomènes au profit d'une expérience possible, laquelle a besoin de règles valables sans restrictions, donc nécessairement. Ainsi je vois fort bien dans le concept de cause un concept qui relève nécessairement de la simple forme de l'expérience et je vois dans sa possibilité une union synthétique des perceptions dans une conscience en général; en revanche je ne conçois pas du tout la possibilité qu'une chose en général soit une cause, pour la bonne raison que le concept de cause n'indique nullement une condition qui s'attache aux choses, mais bien uniquement à l'expérience; ce qui veut dire que l'expérience ne peut être qu'une connaissance objectivement valable des phénomènes et de leur succession, en tant que l'antécédent peut être rattaché au conséquent selon la règle des jugements hypothétiques.

§ 30

C'est également la raison pour laquelle les concepts purs de l'entendement sont absolument dépourvus de signification dès qu'on prétend les détacher des objets de l'expérience pour les rapporter aux choses en elles-mêmes (*Noumena*). Ils ne servent en quelque sorte qu'à épeler les phénomènes pour pouvoir les lire comme expérience; les principes, qui proviennent de ce qu'on les met en relation avec le monde | sensible, **313** ont pour seul usage l'emploi que notre entendement en fait en vue de l'expérience; au-delà, ce ne sont que des connexions arbitraires sans réalité objective, dont on ne peut ni connaître *a priori* la possibilité, ni confirmer ou même seulement rendre compréhensible par le recours à quelque exemple la relation aux objets, puisque tous les exemples ne peuvent être empruntés qu'à une quelconque expérience possible, et que par conséquent ce n'est également que dans une expérience possible que l'on peut trouver les objets de ces concepts.

Cette solution du problème de *Hume*, entièrement satisfaisante bien qu'elle se situe à l'opposé de ce que prévoyait son inventeur, conserve donc aux purs concepts de l'entendement leur origine *a priori* et elle conserve également aux lois universelles de la nature leur validité comme lois de l'entendement, mais de telle façon qu'elle limite leur emploi exclusivement à l'expérience, pour cette raison que leur possibilité n'a son principe que dans la relation de l'entendement à l'expérience; ce n'est pas du tout qu'on les dérive de l'expérience; tout au contraire c'est l'expérience qui en est dérivée, mode de liaison tout à fait inverse qui n'était jamais venu à l'esprit de *Hume*.

Toutes les recherches qui précèdent aboutissent donc au résultat suivant: « Tous les principes synthétiques *a priori* ne sont rien de plus que les principes de l'expérience possible », et ce n'est jamais aux choses en elles-mêmes, mais uniquement aux phénomènes comme objets de l'expérience qu'on peut les rapporter. C'est aussi pour cela que la mathématique pure aussi bien que la science pure de la nature ne peuvent jamais rien concerner de plus que les simples phénomènes; elles peuvent seulement représenter soit ce qui rend possible l'expérience en général, soit ce qui, dès lors qu'il est dérivé de ces principes, doit toujours pouvoir être représenté dans quelque expérience possible.

§ 31

Et de cette façon on possède enfin quelque chose de déterminé, à quoi on peut se tenir dans toutes les entreprises métaphysiques qui ont jusqu'à ce jour, assez hardiment, mais toujours aveuglément, touché à tout sans distinction. Il n'est jamais venu à l'idée des penseurs dogmatiques que le but de leurs efforts devait être à ce point rapproché ; ce ne fut même pas le cas de ceux qui, entichés de leur prétendu bon sens, armés des concepts et principes de la raison pure à vrai dire légitimes et naturels, mais déterminés au seul usage de l'expérience dont ils ignoraient et ne pouvaient qu'ignorer les limites déterminées, | puisqu'ils n'avaient jamais réfléchi ou 314 pu réfléchir sur la nature ou même la possibilité d'un tel entendement pur.

Maint naturaliste de la raison pure (je désigne ainsi celui qui se fait fort sans aucune science de trancher en matière de métaphysique) pourrait bien prétendre que tout ce que l'on a exposé ici avec un si grand appareil, ou, s'il préfère, avec tant de pompe prolixe et pédantesque, c'est-à-dire : « que toute notre raison ne nous permet jamais d'aller au-delà du champ des expériences », il y a beau temps que le pouvoir divinateur de son bon sens lui a permis non seulement de le pressentir, mais même de le savoir et de le comprendre. Pourtant dès que l'on s'enquiert progressivement de ses principes rationnels, il doit convenir que parmi ceux-ci, il y en a beaucoup qu'il n'a pas puisés dans l'expérience, donc qui sont indépendants de l'expérience et valables *a priori* ; dès lors, de quelle manière et au moyen de quelles raisons veut-il maintenir dans des bornes le philosophe dogmatique et s'y maintenir lui-même, alors que dans l'usage de ces concepts et principes il dépasse toute expérience possible, précisément parce qu'ils sont connus indépendamment de cette expérience? Et lui-même, cet adepte du bon sens, n'est pas tellement assuré, malgré toute la prétendue sagesse qu'il a acquise à bon compte, de ne pas aller, sans s'en rendre compte, au-delà des objets de l'expérience, s'égarer dans le champ des chimères. Il est de fait que d'ordinaire il s'y trouve engagé assez avant, bien qu'il farde en une certaine mesure ses prétentions sans fondement grâce à un langage populaire où il présente tout comme probabilité, conjecture raisonnable ou analogie.

§ 32

Dès les temps les plus anciens de la philosophie, ceux qui étudiaient la raison pure ont conçu, à part des êtres des sens ou phénomènes (*phaenomena*) qui constituent le monde sensible, des êtres d'entendement spéciaux (*noumena*) qui constitueraient un monde intelligible, et, comme ils tenaient pour identiques le phénomène et l'apparence (ce qui est bien excusable à une époque où l'on manque encore de culture), c'est seulement aux êtres d'entendement qu'ils accordèrent la réalité.

Dans le fait, si, comme il convient, nous considérons les objets des sens comme de simples phénomènes, par là nous reconnaissons du même coup qu'ils ont comme fondement une chose en elle-même, bien que nous ne sachions pas comment elle est constituée en elle-même, et que nous ne 315 soyons informés que de son phénomène, c'est-à-dire | de la manière dont nos sens sont affectés par ce quelque chose d'inconnu. Donc l'entendement, du fait même qu'il admet les phénomènes, reconnaît également l'existence des choses en elles-mêmes, et dès lors nous pouvons dire que la représentation de tels êtres qui fondent les phénomènes, donc de simples êtres de l'entendement, n'est pas seulement recevable : elle est même inévitable.

Ainsi notre déduction critique n'exclut-elle en aucune façon de tels êtres (*noumena*); bien plutôt elle limite les principes de l'Esthétique en telle sorte qu'ils n'aillent pas s'étendre à toutes choses, ce qui aurait pour résultat de tout transformer en simple phénomène, mais qu'ils soient seulement valables pour les objets d'une expérience possible. Nous admettons donc par là des êtres d'entendement pur, mais en insistant sur cette règle qui ne souffre absolument aucune exception : nous ne savons, ni ne pouvons savoir absolument rien de déterminé sur ces êtres d'entendement pur, parce que nos concepts purs de l'entendement, aussi bien que ces intuitions pures, ne concernent que des objets d'expérience possible, donc uniquement des êtres sensibles et parce que, sitôt qu'on s'en écarte, ces concepts ne conservent plus la moindre signification.

§ 33

En fait nos concepts purs de l'entendement présentent quelque chose d'insidieux dans la séduction d'usage transcendant ; car c'est ainsi que j'appelle celui qui se porte au delà de toute expérience possible. C'est que non seulement nos concepts de substance, de force, d'action, de réalité, etc., sont complètement indépendants de l'expérience, tout de même qu'ils ne contiennent aucun phénomène des sens et que, du coup, ils paraissent concerner les choses en elles-mêmes (*noumena*); mais ce qui vient encore renforcer cette présomption, ils recèlent en eux une nécessité de détermination que l'expérience ne saurait jamais égaler. Le concept de cause contient une règle selon laquelle un état suit d'un autre de manière nécessaire; or l'expérience peut seulement nous montrer que, fréquemment et tout au plus, ordinairement, un état de choses succède à un autre, et par conséquent elle ne peut faire obtenir ni universalité stricte, ni nécessité, etc.

Il s'ensuit que les concepts de l'entendement paraissent avoir beaucoup trop de signification et de contenu pour qu'on en épuise toute la détermination en les faisant servir à l'expérience, et c'est ainsi que l'entendement en vient sans s'en 316 rendre compte à construire à côté du bâtiment de | l'expérience une annexe beaucoup plus spacieuse, qu'il meuble de purs êtres de pensée sans jamais remarquer que dans l'emploi qu'il fait de concepts en eux-mêmes corrects il a excédé les limites de leur usage.

§ 34

Deux importantes recherches étaient donc nécessaires, tout à fait indispensables même, malgré leur aridité extrême, auxquelles la *Critique* s'est employée [1]. La première a montré que les sens ne procurent pas *in concreto* les concepts purs de l'entendement: ils procurent seulement le schème qui

---

1. *Kritik,* *a)* p. 137, A 137 = B 177; Ak. III, 133 (IV, 98); TP, 151 et *b)* p. 235, A 235 = B 288; Ak. III, 202 (IV, 155); TP, 212.

permet de s'en servir, et elle a montré que c'est seulement dans l'expérience qu'on trouve l'objet qui lui est conforme (c'est le produit que l'entendement tire des matériaux de la sensibilité). La seconde recherche[1] a montré que, malgré l'indépendance de nos concepts et de nos principes purs de l'entendement à l'égard de l'expérience, bien plus, malgré l'extension apparemment plus grande de leur usage, ils ne permettent cependant de rien penser du tout hors du champ de l'expérience, parce qu'ils ne peuvent rien faire d'autre que de déterminer la simple forme logique du jugement relativement à des intuitions données; or, comme il n'y a absolument aucune intuition en dehors du champ de la sensibilité, ces concepts purs restent dépourvus absolument de toute signification, faute de tout moyen de les présenter *in concreto*; il s'ensuit que tous ces *noumena*, ainsi que l'ensemble qu'ils forment: celui d'un monde intelligible[2], ne sont rien d'autre que les représentations d'un problème, dont l'objet est bien possible en lui-même, mais dont la solution est tout à fait impossible vu la nature de notre entendement, puisque notre

1. *Kritik*, p. 235, A 235 = B 288; Ak; III, 202 (IV, 155); TP, 212.

2. Monde intelligible et non pas monde *intellectuel* comme on dit communément. Car ce qui est *intellectuel*, ce sont les *connaissances* qui tout en étant l'œuvre de l'entendement concernent également notre monde des sens; ce qu'on qualifie d'*intelligibles*, ce sont des objets en tant qu'ils peuvent être représentés *simplement par l'entendement* et auxquels aucune de nos intuitions sensibles ne peut se rapporter. Or comme il est de fait qu'à tout objet doit correspondre quelque intuition possible, il faudrait que l'on conçoive un entendement capable d'avoir l'intuition immédiate des choses; mais nous n'avons pas le moindre concept d'un tel entendement, ni par conséquent des *êtres intelligibles* qui en seraient l'objet.

entendement n'est pas une faculté de l'intuition, mais simplement de la connexion d'intuitions données en une expérience; 317 il faut donc que | cette expérience contienne tous les objets pour nos concepts, alors qu'en dehors d'elle tous les concepts, seront dépourvus de signification, puisqu'aucune intuition ne peut leur être soumise.

§ 35

Il est possible de pardonner à l'imagination, s'il lui arrive parfois de divaguer, c'est-à-dire de ne pas se tenir prudemment à l'intérieur des limites de l'expérience; car au moins elle se trouvera animée et fortifiée par la liberté d'un tel élan, et il sera toujours plus facile de modérer son audace que de secourir sa langueur. En revanche, que l'entendement dont le devoir est de *penser* se mette à *divaguer*, c'est ce qu'on ne saurait en aucun cas lui pardonner, car il est l'unique recours pour fixer des limites, là où il le faut, aux divagations de l'imagination.

Or c'est en toute innocence et modestie qu'il se met à divaguer. Il commence par tirer au clair les connaissances élémentaires qui résident en lui avant toute expérience, mais qui cependant doivent toujours avoir leur application dans l'expérience. C'est progressivement qu'il se met à négliger ces bornes, et qu'est-ce qui pourrait bien l'en empêcher, dès lors que c'est en toute liberté que l'entendement a tiré de lui-même ses principes? Et c'est alors qu'il se met à s'attacher en un premier temps à des forces nouvellement inventées dans la nature, bientôt après des êtres extérieurs à la nature, bref à un monde pour l'édification duquel le matériau ne saurait nous faire défaut puisqu'il est produit en abondance par une invention féconde et que si l'expérience ne le valide pas, du moins ne le contredit-elle jamais non plus. Telle est aussi la raison pour laquelle de jeunes penseurs aiment tant la métaphysique en sa manière toute dogmatique jusqu'à lui sacrifier leur temps et leur talent digne d'un autre emploi.

Mais il ne peut servir à rien de vouloir modérer ces infructueux essais de la raison pure en multipliant les admonitions : difficulté de résoudre des questions si profondément cachées, plaintes sur les bornes de notre raison et réduction des thèses à de simples conjectures. Car tant que leur *impossibilité* n'aura pas été distinctement démontrée et tant que la *connaissance* que la raison prend d'elle-même ne sera pas devenue une véritable science où le champ de son usage correct se trouve distingué, pour ainsi dire, avec une certitude géométrique de son usage vain et infructueux, ces efforts inutiles ne seront jamais complètement abandonnés.

| § 36. COMMENT LA NATURE ELLE-MÊME EST-ELLE POSSIBLE ? **318**

Cette question est le point le plus élevé que puisse jamais atteindre la philosophie transcendantale ; aussi faut-il l'y conduire comme à ses limites et comme à son achèvement ; elle implique proprement deux questions :

Premièrement : comment est possible en général la nature, prise au sens *matériel*, c'est-à-dire selon l'intuition, comme l'ensemble des phénomènes ; comment sont possibles en général l'espace, le temps et ce qui les remplit tous deux : l'objet de la sensation ? Voici la réponse : grâce à la constitution de notre sensibilité, constitution selon laquelle la sensibilité se trouve, de la manière qui lui est propre, affectée par des objets qui en eux-mêmes lui sont inconnus et qui sont entièrement distincts de ces phénomènes. Dans l'ouvrage lui-même, cette réponse a été donnée dans l'Esthétique transcendantale, alors qu'ici, dans les Prolégomènes, elle a été donnée par la solution de la première question capitale.

Deuxièmement : comment est possible la nature au sens *formel*, comme ensemble des règles auxquelles doivent être soumis tous les phénomènes pour pouvoir être pensés comme liés en une expérience ? La réponse ne peut être que celle-ci : cette nature n'est possible que grâce à la constitution de notre entendement, selon laquelle toutes ces représentations de la sensibilité sont rapportées de façon nécessaire à une conscience, ce qui rend primordialement possible notre manière propre de penser : je veux dire, au moyen des règles – et grâce à elle, ce qui rend primordialement possible l'expérience, qu'il faut radicalement distinguer de la pénétration des objets en eux-mêmes. Dans l'ouvrage lui-même, cette réponse a été donnée dans la Logique transcendantale, alors qu'ici dans les Prolégomènes, elle a été donnée au cours de la solution de la deuxième question capitale.

Mais cette constitution elle-même, qui est propre à notre sensibilité, ou celle de notre entendement et de l'aperception qui est le fondement nécessaire de l'entendement et de toute pensée, comment est-elle possible ? A cette question on ne peut plus continuer à chercher de solution, et de réponse ; puisque nous avons toujours de nouveau besoin de cette constitution pour toute réponse et pour toute pensée des objets.

Il y a beaucoup de lois de la nature que nous ne pouvons savoir que grâce à l'expérience ; mais la légalité dans la connexion des phénomènes, c'est-à-dire la nature en général,

aucune expérience ne peut nous l'enseigner, | puisque l'expé- **319**
rience elle-même a besoin de telles lois qui fondent *a priori* sa
possibilité.

La possibilité de l'expérience en général est donc en même
temps la loi universelle de la nature, et les principes de la
première sont les lois mêmes de la seconde. Car la seule notion
que nous ayons de la nature, c'est celle de l'ensemble des
phénomènes, c'est-à-dire des représentations en nous, et par
conséquent nous ne pouvons tirer la loi de leur connexion
d'ailleurs que des principes de leur connexion en nous, c'est-à-
dire des conditions de l'union nécessaire en une conscience,
union qui constitue la possibilité de l'expérience.

Même la proposition principale qu'a développée toute
cette section : les lois universelles de la nature peuvent être
connues *a priori* – conduit déjà par elle-même à la proposition : c'est en nous-mêmes, je veux dire dans notre entendement, que doit résider la législation suprême de la nature ; loin
que ce soit à partir de la nature que nous devions en chercher
les lois universelles au moyen de l'expérience, à l'inverse,
c'est à partir des conditions de la possibilité de l'expérience
qui résident dans notre sensibilité et dans notre entendement
que nous devons chercher la nature selon sa conformité à des
lois universelles ; car autrement comment serait-il possible de
connaître *a priori* ces lois, dès lors que ce ne sont pas des règles
de la connaissance analytique, mais des extensions authenti-
quement synthétiques de cette connaissance ? Une telle
concordance, et qui plus est nécessaire, entre les principes de
l'expérience possible et les lois de la possibilité de la nature ne
peut résulter que de deux causes : ou bien ces lois sont empruntées à la nature au moyen de l'expérience, ou bien, à l'inverse,

c'est la nature qui est dérivée des lois de la possibilité de l'expérience en général et elle est tout à fait identique à la simple légalité universelle de l'expérience. La première hypothèse se contredit elle-même, car les lois universelles de la nature peuvent et doivent être connues *a priori* (c'est-à-dire indépendamment de toute expérience) et être mises au principe de tout usage empirique de l'entendement; il ne reste donc que la deuxième hypothèse [1].

320 | Mais il faut que nous distinguions entre les lois empiriques de la nature, qui supposent toujours des perceptions particulières, et les lois pures ou universelles de la nature, qui sans se fonder sur des perceptions particulières, contiennent simplement les conditions de leur union nécessaire en une expérience; c'est au point de vue de ces lois universelles que nature et expérience *possible* sont une seule et même chose. Comme en cette dernière la légalité repose sur la connexion nécessaire des phénomènes en une expérience (sans laquelle nous ne pouvons connaître absolument aucun objet du monde sensible) et par conséquent sur les lois originaires de l'entendement, si je déclare en tenant compte de ces lois, que l'*entendement, loin de tirer ses lois (a priori) de la nature, les lui prescrit au contraire*, une telle formule peut

---

1. *Crusius* fut le seul à connaître le moyen terme que voici : un esprit qui ne saurait se tromper ni être trompeur a, dès l'origine, implanté en nous ces lois de la nature. Mais comme la fréquente immixtion de principes trompeurs est un fait, dont le système de cet auteur lui-même offre maints exemples, l'emploi d'un tel principe paraît fort dangereux en l'absence de critères assurés permettant de distinguer l'origine véritable de celle qui ne l'est pas, car on ne peut jamais savoir de façon certaine ce qu'a bien pu nous inspirer l'esprit de vérité ou le père du mensonge.

bien paraître étrange au premier abord, elle n'en est pas moins certaine.

§ 37

Cette proposition en apparence aventurée, nous allons l'expliquer par un exemple qui montrera que les lois que nous découvrons dans les objets sensibles, surtout si elles ont été reconnues comme nécessaires, nous les tenons déjà spontanément pour des lois que l'entendement y a introduites, encore qu'elles soient au reste en tous points semblables aux lois de la nature que nous attribuons à l'expérience.

§ 38

Lorsque l'on considère les propriétés du cercle, qui permettent à cette figure d'unir d'un seul coup en une règle universelle tant de déterminations arbitraires de l'espace, on ne peut faire autrement que d'attribuer une nature à cette chose géométrique. Ainsi deux droites qui se coupent entre elles et qui coupent en même temps le cercle, si fortuitement qu'elles soient tracées, ne s'en divisent pas moins toujours si régulièrement que le rectangle issu des segments de chaque droite est égal à celui des autres. Or je pose la question : « estce dans le cercle ou dans l'entendement que se trouve cette loi ? » ; c'est-à-dire : est-ce que cette figure contient en elle indépendamment de l'entendement le principe de cette loi ? ou bien : est-ce l'entendement qui lorsqu'il a construit la figure elle-même selon ses concepts (en l'espèce : selon l'égalité des diamètres), y introduit en même temps la loi des cordes se

coupant entre elles selon une proportion géométrique ? Dès
321 qu'on s'enquiert des preuves | de cette loi, on s'aperçoit bientôt
qu'elle ne peut être déduite que de la condition dont l'entendement a fait le principe de la construction de cette figure :
l'égalité des diamètres. Si maintenant nous étendons ce
concept afin de suivre encore plus loin l'unité de diverses propriétés géométriques de figures sous des lois communes et si
nous considérons le cercle comme une section conique, qui se
trouve par conséquent soumise aux mêmes conditions fondamentales de construction que les autres sections coniques,
alors nous trouvons que toutes les cordes qui se coupent
à l'intérieur de celles-ci : ellipse, parabole et hyperbole, se
coupent toujours en telle façon que, sans être égaux, les
rectangles issus de leurs segments, n'en sont pas moins entre
eux toujours en des rapports égaux. A partir de là, allons plus
loin encore, jusqu'aux lois fondamentales de l'astronomie
physique : nous trouvons une loi physique de l'attraction
réciproque qui s'étend à toute la nature matérielle ; la règle de
cette attraction, c'est qu'elle décroît en raison inverse du carré
des distances à partir de chaque point d'attraction, de la même
manière que s'accroissent les surfaces sphériques auxquelles
cette force s'étend, ce qui paraît résider nécessairement dans la
nature des choses et se trouve de ce fait ordinairement présenté
comme connaissable *a priori*. Or, si simples soient les sources
de cette loi, puisqu'elle repose uniquement sur le rapport des
surfaces sphériques de différents diamètres, elle entraîne
cependant pour la diversité de leur harmonie et de leur régula-
rité une conséquence admirable : non seulement toutes les
trajectoires possibles des corps célestes sont des sections
coniques, mais elles ont entre elles un rapport tel qu'on ne peut

concevoir comme convenable pour un système du monde aucune autre loi de l'attraction que celle du rapport inverse du carré des distances.

Voilà donc une nature qui repose sur des lois que l'entendement peut connaître *a priori*, et même en particulier à partir de principes universels de la détermination de l'espace. Or je pose la question : ces lois de la nature se trouvent-elles dans l'espace et est-ce simplement en partant à la recherche du sens fécond recélé par cet espace que l'entendement apprend ces lois ? Ou bien ces lois résident-elles dans l'entendement et dans la manière dont celui-ci détermine l'espace selon les conditions de l'unité synthétique à laquelle aboutit l'ensemble de ses concepts ? L'espace est quelque chose de si uniforme, et quelque chose de si indéterminé relativement à toutes les propriétés particulières, qu'on n'y cherchera certainement pas un trésor de lois de la nature. Au contraire, ce qui détermine l'espace en forme de cercle, en figure de cône et de sphère, c'est l'entendement, en tant qu'il | contient le principe de l'uni- 322 té de leur construction. La simple forme universelle de l'intuition, qui s'appelle l'espace, est donc bien le substrat de toutes les intuitions déterminables en objets particuliers et c'est assurément en lui que réside la condition de leur possibilité et de leur variété ; mais l'unité des objets, c'est bien uniquement par l'entendement, et même selon les conditions qui résident en sa propre nature, qu'elle est déterminée ; ainsi c'est l'entendement qui est l'origine de l'ordre universel de la nature puisqu'il comprend sous ses propres lois tous les phénomènes et qu'il effectue ainsi *a priori* la constitution primordiale de l'expérience (selon sa forme), moyennant quoi tout ce que l'expérience seule doit permettre de connaître se trouve nécessairement soumis à ses lois. Car nous n'avons pas affaire à la nature des *choses en elles-mêmes*, qui est indépendante aussi bien des conditions de notre sensibilité que de celles de notre entendement ; nous avons affaire à la nature comme à un objet d'expérience possible, et l'entendement, en la rendant possible, fait du même coup que le monde des sens ou bien n'est pas un objet de l'expérience ou bien est une nature.

§ 39. APPENDICE À LA SCIENCE PURE DE LA NATURE DU SYSTÈME DES CATÉGORIES

Rien ne saurait mieux répondre au vœu d'un philosophe que de pouvoir dériver d'un principe *a priori* la diversité des concepts et des principes qui s'étaient d'abord présentés à lui en ordre dispersé par l'usage qu'il en avait fait *in concreto*, et que de pouvoir ainsi tout réunir en une connaissance. Jusqu'alors il croyait seulement que ce qui lui restait après une certaine abstraction et ce qui paraissait constituer une espèce particulière de connaissances en les comparant entre elles, était rassemblé au complet, mais ce n'était qu'un *agrégat* ; désormais il sait qu'il en faut tant, ni plus ni moins, pour constituer ce mode de connaissance, il a pénétré la nécessité de sa division, ce qui définit le concevoir, et alors, pour la première fois, il a un *système*.

Dégager de la connaissance commune les concepts qui ne sont fondés dans aucune expérience particulière et qui interviennent néanmoins dans toute connaissance d'expérience, 323 dont ils constituent en quelque sorte la simple | forme de connexion, voilà qui ne supposait pas plus de réflexion ou de pénétration que pour dégager à partir d'une langue les règles de l'emploi réel des mots en général et rassembler ainsi les éléments pour une grammaire (aussi bien les deux entreprises sont-elles en fait très proches parentes), sans qu'on puisse cependant indiquer la raison précise pour laquelle chaque langue possède très précisément telle constitution formelle et non telle autre, encore moins pourquoi on peut y trouver de façon générale tel nombre de ces déterminations formelles, ni plus, ni moins.

Aristote avait rassemblé dix concepts élémentaires purs de cette espèce sous le nom de catégories : 1) *Substantia*, 2) *Qualitas*, 3) *Quantitas*, 4) *Relatio*, 5) *Actio*, 6) *Passio*, 7) *Quando*, 8) *Ubi*, 9) *Situs*, 10) *Habitus* (Substance, Qualité, Quantité, Relation, Action, Passion, Quand, Où, Position, État). A ces catégories, qu'on nomme aussi prédicaments, il se vit contraint par la suite d'ajouter encore cinq post-prédicaments. *Oppositum*, *Prius*, *Simul*, *Motus*, *Habere* (Opposé, Avant, En même temps, Mouvement, Avoir) qui pour une part sont cependant déjà contenus dans les précédents (ainsi : *Prius*, *Simul*, *Motus*) ; mais la valeur que pouvait représenter cette rhapsodie et l'approbation qu'elle pouvait mériter était plutôt celle d'une indication pour les chercheurs futurs que celle d'une Idée méthodiquement développée ; aussi s'est-elle trouvée rejetée comme tout à fait inutile à la faveur des progrès ultérieurs de la philosophie.

En recherchant les éléments de la connaissance humaine qui sont purs (ceux qui ne contiennent rien d'empirique), j'ai réussi pour la toute première fois, au terme de longues réflexions, à distinguer et à isoler en toute certitude les concepts élémentaires purs de la sensibilité (espace et temps) de ceux de l'entendement. Ainsi se trouvèrent exclues de cette liste les catégories 7, 8 et 9. Celles qui restaient ne m'étaient d'aucune utilité, car il n'existait aucun principe permettant de prendre la mesure complète de l'entendement, et d'en déterminer exhaustivement et avec précision toutes les fonctions d'où sont issus tous ses concepts purs.

Or pour découvrir un tel principe, je me mis en quête d'une opération de l'entendement qui contient toutes les autres et ne se différencie qu'en modifications ou moments et qui permet de ramener le divers de la représentation à l'unité de la pensée en général, et je découvris alors que cette opération de l'entendement consiste dans le jugement. Dès lors je trouvai tout prêt à ma disposition, malgré les défauts qu'il comportait encore, le travail des logiciens qui me mettait à même de présenter une table complète des fonctions de l'entendement, fonctions
324 pures tout en étant | indéterminées relativement à tout objet. Enfin, je rapportais ces fonctions de jugement à des objets en général, ou plutôt à la condition qui permet de déterminer des jugements comme objectivement valables, et il en résulta des concepts purs de l'entendement, dont je ne pouvais douter que c'était précisément ceux-là, rien que ceux-là, pas un de plus ni de moins, qui sont capables de constituer toute notre connaissance des choses par entendement pur. Comme de juste je les appelai de leur ancien nom de *catégories*, me réservant de les compléter par ces concepts qui en dérivent, que ce soit par connexion entre elles ou avec la forme pure du phénomène (espace et temps), ou avec leur matière en tant qu'elle n'est pas encore empiriquement déterminée (objet de la sensation en général), sous la dénomination de *prédicables*, dès qu'il faudrait passer à la constitution d'un système de philosophie transcendantale, constitution en vue de laquelle je n'avais

pour le moment à m'occuper que de la critique de la raison elle-même.

Ce qui est essentiel dans ce système de catégories, ce qui le distingue de cette ancienne rhapsodie qui procédait sans aucun principe, la seule raison qui lui vaut aussi de compter pour quelque chose en philosophie, tient en ceci : il permet la détermination exacte de la véritable signification des concepts purs de l'entendement ainsi que de la condition de leur emploi. Car il apparut alors qu'ils ne sont en eux-mêmes que des fonctions logiques, mais qu'à ce titre ils ne constituent pas le moindre concept d'un objet en lui-même : ils ont besoin d'avoir l'intuition sensible comme fondement, et c'est seulement en ce cas qu'ils servent à déterminer, relativement aux fonctions de juger, des jugements empiriques qui sans cela demeureraient indéterminés et indifférents au regard de toutes ces fonctions ; c'est par là qu'ils servent à procurer à ces jugements valeur universelle, et à rendre possibles par leur moyen *des jugements d'expérience* en général.

Concevoir la nature des catégories en telle manière que leur usage fût en même temps restreint à la seule expérience, c'est là ce qui ne vint à l'idée ni de leur inventeur, ni de quiconque après lui ; or faute de cette conception (qui dépend très exactement de leur dérivation ou déduction), elles sont tout à fait inutiles : ce n'est qu'une pauvre nomenclature qui ne donne ni l'explication ni la règle de leur emploi. Si jamais cette conception était venue à l'esprit des Anciens, nul doute que toute l'étude de la connaissance pure de la raison qui, sous le nom de métaphysique a, durant tant de siècles, gâté tant de bons esprits, nous fût parvenue sous une forme toute différente et qu'elle eût éclairé l'entendement de l'homme, | au lieu **325** de l'épuiser, comme ce fut le cas, en d'obscures et vaines subtilités et de le rendre impropre à la science véritable.

Ce système de catégories rend à son tour systématique tout traitement de chaque objet de la raison pure elle-même et propose une instruction qu'on ne saurait mettre en doute, un fil conducteur, indiquant comment et selon quels jalons de recherche tout examen métaphysique doit être conduit pour être mené à terme; car il épuise tous les moments de l'entendement auxquels tout autre concept doit être ramené. C'est ainsi également qu'est née la table des principes, dont seul le système des catégories permet d'être certain qu'elle est complète, et même dans la division des concepts qui doivent dépasser l'usage physiologique de l'entendement[1], c'est toujours le même fil conducteur, qui, comme il doit toujours être mené par les mêmes points fixes, déterminés *a priori* dans l'entendement humain, referme à chaque fois un cercle; ce qui ne laisse aucun doute sur le fait que l'objet d'un concept pur de l'entendement ou de la raison peut de cette manière être connu complètement, s'il faut l'examiner philosophiquement et selon des principes *a priori*. Jusque là que je n'ai pu me dispenser de me servir de ce guide pour faire une des divisions ontologiques les plus abstraites, celle qui distingue les multiples *concepts* de *Quelque chose* et de *Rien*, et d'en dresser ainsi une table méthodique et nécessaire[2].

---

1. *Kritik*, p. 344, A 344 = B 402; Ak. III, 264 (IV, 217); TP, 280; ainsi que p. 415, A 415 = B 443; Ak. III, 286; TP, 332.
2. *Kritik*, p. 292, A 292 = B 348; Ak; III, 232 (IV, 186); TP, 249. Lorsqu'on dispose d'une table des catégories, on peut faire toutes sortes de belles remarques; ainsi, 1) la troisième catégorie résulte de la combinaison en un

| Ce même système, comme tout vrai système fondé sur un **326** principe universel, montre encore une utilité qu'on ne saurait assez apprécier en ce qu'il exclut tous les concepts d'un genre différent qui pourraient sans cela se glisser parmi les concepts purs de l'entendement et qu'il assigne sa place à chaque connaissance. Ces concepts, dont grâce au fil conducteur des catégories j'avais également dressé la table sous le nom de concepts de la *réflexion*, se mêlent dans l'ontologie, sans que de légitimes prétentions les y autorisent, aux concepts purs de l'entendement ; et pourtant, alors que ces derniers sont des concepts dont la fonction est de connexion et, de ce fait, des concepts de l'objet lui-même, les concepts de réflexion servent uniquement à la comparaison de concepts déjà donnés,

concept de la première et de la deuxième ; 2) dans la catégorie de Quantité et dans celle de Qualité, il se fait simplement un progrès de l'unité à la Totalité, ou du Quelque chose au Rien (il faut pour cela disposer ainsi les catégories de la Qualité : Réalité, Limitation, Négation complète), sans *correlata* ou *opposita*, alors qu'au contraire les catégories de la Relation et de la Modalité en comportent ; 3) de même qu'en Logique les jugements catégoriques sont le fondement de tous les autres, de même la catégorie de Substance est le fondement de tous les concepts de choses réelles ; 4) de même que la modalité dans le jugement n'est pas un prédicat particulier, de même les concepts de la Modalité n'ajoutent aucune détermination aux choses, etc. ; de telles considérations ont toutes leur grande utilité. Si en outre on énumère tous les *prédicables* que l'on peut tirer presque intégralement de toute bonne Ontologie (celle de *Baumgarten*, par exemple) et si on les ordonne par classes sous les catégories, à quoi il ne faut pas négliger de joindre une analyse aussi complète que possible de tous ces concepts, il en résultera une partie simplement analytique de la métaphysique, qui ne contient encore aucune proposition synthétique et qui pourrait précéder la seconde partie (synthétique) ; non seulement sa précision et sa complétude la rendrait utile, mais c'est une certaine beauté qu'elle devrait à ce qu'elle comporte de systématique.

et ils ont par conséquent une nature et un usage tout différents ; ma division méthodique m'a permis de les sortir de cette confusion[1]. Mais l'utilité d'avoir isolé cette table des catégories apparaît encore bien plus éclatante si, comme nous allons le faire maintenant, nous en disjoignons la table des concepts transcendantaux de la raison, dont la nature et l'origine sont entièrement différentes de celles des concepts de l'entendement (aussi cette table devra-t-elle avoir également une autre forme) ; or cette disjonction si nécessaire n'a encore jamais été faite dans aucun système métaphysique ; concepts de l'entendement et Idées de la raison restaient mêlés comme frères et sœurs au sein d'une même famille, et cette confusion demeurait inévitable tant qu'on ne disposait pas d'un système spécial des catégories.

---

1. *Kritik*, p. 260, A 260 = B 316 ; Ak. III, 214 (IV, 169) ; TP, 232.

TROISIÈME PARTIE
DE LA QUESTION TRANSCENDANTALE CAPITALE :
COMMENT LA MÉTAPHYSIQUE
EN GÉNÉRAL EST-ELLE POSSIBLE ?

§ 40

Pour leur sûreté et certitude propres, mathématique pure et science pure de la nature n'auraient eu nul besoin de la Déduction dont nous venons de les munir; car la première s'appuie sur son évidence propre; quant à la seconde, bien qu'elle soit issue des sources pures de l'entendement, elle s'appuie cependant sur l'expérience et la confirmation qu'elle ne cesse d'en recevoir; elle ne saurait en exclure complètement le témoignage ni s'en dispenser, car malgré toute sa certitude, comme philosophie, elle ne peut jamais égaler la mathématique. Ce n'est donc pas pour elles que ces deux sciences avaient besoin de l'enquête en question, c'est pour une autre science : la métaphysique.

Outre les concepts de nature qui trouvent toujours leur application dans l'expérience, la métaphysique a encore affaire à des concepts purs de la raison, qui ne peuvent jamais être donnés dans aucune expérience, pas même une expérience possible, donc à des concepts dont la réalité objective (leur évitant d'être de simples chimères), ainsi qu'à des affirmations dont la vérité ou la fausseté ne peuvent être confirmées ni découvertes par aucune expérience ; et cette partie de la métaphysique est de surcroît précisément celle qui constitue sa fin essentielle, celle pour laquelle tout le reste n'est que moyen, et ainsi c'est pour *elle-même* que cette science a besoin d'une telle Déduction. Par conséquent la troisième question qui se pose à nous maintenant concerne pour ainsi dire en quelque sorte le noyau de la métaphysique et ce qui lui appartient en propre ; il s'agit de la raison qui ne s'occupe que d'elle-même ; de la connaissance qu'elle prétend faire d'objets simplement en se mettant à couver ses propres concepts, sans qu'elle ait besoin pour cela de la médiation de l'expérience ni que de façon générale elle puisse y parvenir par cette voie [1].

Si cette question n'est pas résolue, il est impossible que la raison trouve satisfaction. La destination propre de la raison n'est pas entièrement comblée par l'emploi limité de l'expé-
328 rience auquel elle | astreint l'entendement pur. Chaque expérience singulière n'est qu'une partie de la sphère entière de son domaine, mais *le Tout absolu de toute expérience possible*

---

1. Si on peut dire qu'une science est réelle à tout le moins dans l'idée de tous les hommes, dès qu'il est établi que les problèmes qui y acheminent sont posés à chacun par la nature de la raison humaine et du même coup ne cessent inévitablement de donner lieu à des essais de solution nombreux encore que défectueux, il faudra qu'on dise aussi que la métaphysique est réelle de façon *subjective* (et à vrai dire nécessaire) et dès lors c'est donc à bon droit que nous demandons comment elle est (*objectivement*) possible ?

n'est pas lui-même une expérience et c'est cependant pour la raison un problème nécessaire dont la seule représentation exige de tout autres concepts que les concepts purs de l'entendement : l'usage de ces derniers n'est qu'*immanent*, c'est-à-dire qu'ils s'appliquent à l'expérience dans la mesure où elle peut être donnée, tandis que les concepts de la raison s'appliquent à l'intégralité, c'est-à-dire à l'unité collective de toute expérience possible, dépassent de ce fait toute expérience donnée et deviennent *transcendants.*

Ainsi, tout de même que pour l'expérience l'entendement avait besoin des catégories, la raison recèle en elle le principe d'Idées : j'entends par là de concepts nécessaires encore que l'objet n'en *puisse* être donné dans aucune expérience. Ceux-ci se trouvent tout autant dans la nature de la raison que ceux-là se trouvent dans la nature de l'entendement, et si les Idées comportent une apparence qui peut aisément séduire, cette apparence est inévitable, encore qu'il soit parfaitement possible d'empêcher « qu'elle induise en tentation ».

Comme toute apparence consiste en ce que le principe subjectif du jugement est tenu pour objectif, une connaissance que la raison aura d'elle-même dans son usage transcendant (exalté) sera l'unique moyen pour elle de se préserver des égarements où elle se fourvoie lorsqu'elle se méprend sur sa destination et rapporte de manière transcendante à l'objet en lui-même ce qui ne concerne que son propre sujet et la conduite de celui-ci en tout usage immanent.

§ 41

Distinguer les *Idées*, c'est-à-dire les concepts purs de la raison, des catégories ou concepts purs de l'entendement comme des connaissances entièrement différentes par l'espèce, l'origine et l'usage, c'est une tâche si importante pour fonder une science qui doit contenir le système de toutes ces connaissances *a priori* qu'à défaut de cette distinction la

329 | métaphysique est absolument impossible; c'est tout au plus alors une tentative d'apprenti faite sans règles pour compiler un château de cartes, sans connaître les matériaux auxquels on a affaire ni leur convenance à tel ou tel emploi. Lors même que la *Critique de la raison pure* n'aurait réussi qu'à mettre pour la première fois en lumière cette distinction, elle aurait ainsi bien davantage contribué à éclairer notre concept et à diriger la recherche dans le domaine de la métaphysique que tous les vains efforts qu'on a déployés jusqu'à ce jour pour donner une solution satisfaisante aux problèmes transcendants de la raison pure, sans jamais soupçonner que l'on se trouvait dans un tout autre domaine que celui de l'entendement et que du coup on citait tout d'un trait concepts d'entendement et concepts de raison, comme s'ils étaient d'une seule et même espèce.

§ 42

Le propre de toutes les connaissances pures de l'entendement, c'est que leurs concepts se rapportent à l'expérience et que leurs principes peuvent être confirmés par l'expérience; au contraire les connaissances transcendantes de la raison ne se rapportent pas à l'expérience, s'il s'agit de leurs *Idées*, et leurs propositions non plus ne sauraient en aucun cas être confirmées ni réfutées par l'expérience; aussi l'erreur qui peut s'y glisser ne peut être détectée que par la seule raison pure, chose très difficile parce que ses Idées rendent cette raison naturellement dialectique, et que ce n'est pas un examen objectif et dogmatique des choses, mais uniquement l'examen subjectif de la raison elle-même, en tant que source des Idées, qui peut imposer des bornes à cette apparence inévitable.

§ 43

Mon principal objectif dans la Critique a toujours été de voir comment je pouvais non seulement distinguer avec soin les modes de connaissance, mais également dériver de leur source commune tous les concepts qui relèvent de chacun d'eux, afin d'être capable non seulement de déterminer à coup sûr leur usage grâce à mon information sur leur origine, mais également de m'assurer l'avantage insoupçonné à ce jour, mais inestimable, de connaître *a priori*, donc par principes, la complétude dans l'énumération, la classification et la spécification des concepts. Faute de quoi, | en métaphysique tout **330** n'est que rhapsodie où l'on ne sait jamais si ce que l'on possède est suffisant ou bien s'il se peut qu'il manque encore quelque chose et en quel endroit. Il est vrai que c'est seulement en philosophie pure qu'on peut avoir cet avantage, mais c'est aussi ce qui en constitue l'essence.

Comme j'avais trouvé l'origine des catégories dans les quatre fonctions logiques de tous les jugements de l'entendement, il était tout naturel de chercher l'origine des Idées dans les trois fonctions des raisonnements; car dès lors que

sont donnés de tels concepts purs de la raison (Idées transcendantales), il se pourrait bien qu'on ne les trouvât, à moins de les
tenir pour innés, nulle part ailleurs que dans cette action de la
raison qui constitue, en tant qu'elle ne concerne que la forme,
l'élément logique des raisonnements, mais qui, en tant qu'elle
représente les jugements de l'entendement comme déterminés
relativement à telle ou telle forme *a priori*, constitue des
concepts transcendantaux de la raison pure.

La distinction formelle des raisonnements rend nécessaire
leur division en raisonnements catégoriques, hypothétiques et
disjonctifs. Les concepts de la raison qui sont fondés sur
cette division contiennent donc : 1) l'Idée du sujet complet
(substantiel), 2) l'Idée de la série complète des conditions,
3) la détermination de tous les concepts dans l'Idée d'un
ensemble complet du possible [1]. La première Idée était psychologique, la seconde cosmologique, la troisième théologique ;
et comme toutes les trois donnent lieu à une dialectique,
chacune à sa manière cependant, c'est là-dessus que se fondait
la division de toute la Dialectique de la raison pure : le

---

1. Dans le jugement disjonctif, c'est *toute la possibilité* que nous
considérons comme divisée relativement à un certain concept. Le principe
ontologique de la division universelle d'une chose en général (de tous les
prédicats contradictoires possibles, à chaque chose il en revient un) qui est en
même temps le principe de tous les jugements disjonctifs a pour fondement
l'ensemble de tous les possibles, ensemble dans lequel la possibilité de chaque
chose en général est regardée comme déterminable. Ceci sert à éclaircir un
peu la proposition précédente : l'action de la raison dans les raisonnements
disjonctifs est, quant à la forme, identique avec ceux au moyen desquels elle
produit l'Idée d'un ensemble de la réalité, qui contient en soi ce qu'il y a de
positif dans tous les prédicats mutuellement opposés.

Paralogisme, l'Antinomie et enfin l'Idéal de la raison pure ; une telle dérivation permet d'être tout à fait sûr que toutes les prétentions de la raison pure sont présentées ici tout à fait au complet et qu'il ne peut en manquer une seule, puisque de cette façon on a pris entièrement la mesure du pouvoir de la raison lui-même, en tant qu'elles y prennent toutes leur origine.

| § 44   331

En ces considérations d'ordre général il faut encore relever que les Idées de la raison, à la différence des catégories, ne nous servent à rien pour l'usage de l'entendement relativement à l'expérience ; pour cela elles sont tout à fait superflues, et même elles s'opposent et font obstacle aux maximes de la connaissance rationnelle de la nature, encore qu'elles soient cependant nécessaires pour une autre fin, qui est encore à déterminer. Que l'âme soit une simple substance ou non, voilà qui peut être tout à fait indifférent pour notre explication de ses phénomènes, car aucune expérience possible ne peut nous rendre concevable de façon sensible, par conséquent *in concreto*, le concept d'un être simple ; et de même ce concept est tout à fait vide au regard de tout espoir de pénétrer la cause des phénomènes et il ne peut pas du tout servir de principe pour expliquer ce que nous procure l'expérience interne ou externe. Les Idées cosmologiques de commencement du Monde ou d'éternité du monde (*a parte ante*) peuvent tout aussi peu nous servir à expliquer un quelconque événement dans le monde. Enfin, selon une juste maxime de la philosophie de la nature, nous devons nous abstenir de toute explication de l'organisation naturelle qui a été tirée de la volonté d'un être suprême, parce que ce n'est plus de la philosophie de la nature, mais un aveu que nous sommes par là au bout de notre rouleau. Ainsi ces Idées sont destinées à un tout autre usage que les catégories grâce auxquelles, compte-tenu des principes qu'elles fondent, l'expérience elle-même était primordialement possible. Néanmoins notre laborieuse Analytique de l'entendement serait même complètement superflue si nous n'avions rien d'autre en vue que la connaissance de la nature telle qu'elle peut être donnée dans l'expérience ; car la raison n'a nullement besoin de toute cette subtile déduction pour assumer de manière parfaite et assurée sa fonction dans la mathématique aussi bien que dans la science de la nature ; aussi notre Critique de l'entendement s'unit-elle aux Idées de la raison pure en vue d'une fin qui se situe au-delà de l'emploi de l'entendement dans l'expérience, emploi dont nous avons dit plus haut qu'au regard de ces Idées il est tout à fait impossible, dépourvu d'objet ou de signification. Mais il faut pourtant qu'entre ce qui relève de la nature de la raison et ce qui relève de la nature de l'entendement il y ait concordance, il faut que la nature de la raison contribue à la perfection de la nature de l'entendement et qu'il soit impossible qu'elle la perturbe.

Voici la solution de cette question : sous ses Idées ce ne sont pas des objets particuliers situés au-delà du domaine de l'expérience que vise la raison pure, c'est seulement l'inté-gralité de l'usage de l'entendement dans la connexion de l'ex-périence qu'elle exige. Mais cette intégralité ne peut être qu'une intégralité des principes, et non pas celle des intuitions et des objets. Néanmoins pour avoir de cette intégralité une représentation déterminée, la raison la pense comme connais-sance d'un objet, objet dont la connaissance est intégralement déterminée relativement à ces règles, mais qui n'est qu'une

332 |

Idée pour amener la connaissance de l'entendement aussi près que possible de l'intégralité que cette Idée désigne.

§ 45. REMARQUE PRÉLIMINAIRE À LA DIALECTIQUE DE LA RAISON PURE

Nous l'avons indiqué précédemment (§ 33, 34) : le fait que les catégories sont pures de tout mélange de déterminations sensibles peut amener la raison à étendre leur emploi aux choses considérées en elles-mêmes, tout à fait au-delà de toute expérience, encore que, incapables de se trouver une intuition qui leur procure signification et sens *in concreto*, à titre de fonctions simplement logiques, elles représentent assurément une chose en général, mais que d'elles-mêmes elles ne peuvent donner aucun objet déterminé d'aucune chose. Or de tels objets hyperboliques sont ceux que l'on appelle des *Noumènes*, ou encore de purs êtres d'entendement (mieux de purs êtres de pensée), par exemple : la *substance*, mais pensée *sans permanence dans le temps*, ou une cause, mais qui *n'agirait pas dans le temps*, etc., car alors on leur attribue des prédicats qui servent simplement à rendre possible la conformité de l'expérience à des lois, tout en leur enlevant cependant toutes les conditions de l'intuition qui sont indispensables pour que l'expérience soit possible, ce qui a pour résultat de priver derechef ces concepts de toute signification.

Cependant il n'y a aucun danger que l'entendement se mette de lui-même et sans y être poussé par des lois étrangères à franchir ainsi à la légère ses limites pour passer dans le domaine de simples êtres de pensée. Mais si la raison, qui ne saurait être pleinement satisfaite d'un emploi des règles de l'entendement limité à l'expérience, emploi qui demeure toujours conditionné, exige l'achèvement de cette chaîne de conditions, alors l'entendement est poussé hors de son cercle, en partie pour représenter les objets de l'expérience en une série si étendue qu'aucune expérience n'est capable de la 333 saisir, | en partie même (afin d'achever cette série) pour chercher tout à fait en dehors de cette série des *noumènes* auxquels la raison puisse attacher cette chaîne et du coup, une fois enfin affranchie des conditions de l'expérience, mener cependant sa démarche à terme. Telles sont donc les Idées transcendantales : elles peuvent bien, conformément à la destination naturelle véritable, bien que cachée, de notre raison, viser non pas des concepts transcendants, mais simplement l'extension illimitée de l'usage empirique de l'entendement, encore est-il que, par une apparence inévitable, elles détournent celui-ci vers un emploi *transcendant*; tout trompeur que soit ce dernier, aucune résolution ne saurait le maintenir à l'intérieur des limites de l'expérience : seule une instruction scientifique peut à grand peine lui imposer des bornes.

§ 46

1. Idées psychologiques [1]

Il y a déjà longtemps que l'on a remarqué qu'en toutes substances le sujet proprement dit, c'est-à-dire ce qui reste une fois tous les accidents mis à part (comme prédicats), par conséquent le *substantiel* lui-même, nous est inconnu, et ces bornes à notre pénétration ont été maintes fois déplorées. Mais il faut bien remarquer que ce n'est pas parce qu'il ne sait pas, c'est-à-dire qu'il ne peut pas déterminer, le substantiel des choses exclusivement tel qu'il est en lui-même, qu'il faut incriminer l'entendement humain, mais bien plutôt parce qu'il prétend le connaître de façon déterminée comme s'il était un objet donné, alors que c'est une simple Idée. La raison pure exige que nous cherchions pour chaque prédicat d'une chose le sujet qui lui revient, puis pour ce dernier qui, nécessairement, n'est à son tour que prédicat, son sujet, et ainsi de suite à l'infini (ou du moins aussi loin que nous parvenons). Mais il s'ensuit que nous ne devons tenir pour sujet ultime rien que nous puissions atteindre et que si profonde soit la pénétration de notre entendement, même si toute la nature lui était découverte, il n'est jamais capable de penser le substantiel lui-même ; c'est que la nature spécifique de notre entendement consiste à tout penser de manière discursive, c'est-à-dire par concepts, donc également uniquement par prédicats, auxquels ainsi le sujet absolu ne peut que toujours faire défaut. C'est

---

1. *Kritik*, p. 341, A 341 = B 399 ; Ak. III, 262 (IV, 215) ; TP, 278 *sq.*

ainsi que toutes les propriétés réelles qui nous permettent de connaître les corps ne sont que des accidents, même 334 | l'impénétrabilité qu'on doit toujours se représenter seulement comme l'effet d'une force pour laquelle le sujet nous fait défaut.

Or il semble que dans la conscience que nous avons de nous-mêmes (dans le sujet pensant) nous l'avons, ce substantiel, et même dans une intuition immédiate ; car tous les prédicats du sens interne se rapportent au *Moi* comme sujet et ce *Moi* ne *peut* plus être encore pensé comme prédicat de quelque autre sujet. Ainsi il semble qu'ici soit donnée dans l'expérience l'intégralité dans la relation à un sujet des concepts donnés comme prédicats, sujet qui n'est pas simple Idée, mais bien l'objet, c'est-à-dire le *sujet absolu* lui-même. Mais cette attente est déçue. Car le Moi n'a rien d'un concept[1], c'est uniquement la désignation de l'objet du sens interne, en tant que nous ne pouvons le connaître au moyen d'aucun prédicat ; en conséquence, il est vrai qu'en lui-même il ne peut être le prédicat d'une autre chose, mais il ne peut pas davantage non plus être un concept déterminé d'un sujet absolu ; comme dans les autres cas, il est seulement la relation des phénomènes internes au sujet inconnu. Néanmoins cette Idée (fort utilisable comme principe régulateur pour réduire à néant toutes les explications matérialistes des phénomènes

---

1. Si la représentation de l'aperception, le *Moi*, était un concept permettant de penser quelque chose, il pourrait aussi être utilisé comme prédicat d'autre chose, ou contenir en lui de tels prédicats. Or il n'est rien de plus que le sentiment d'une existence sans le moindre concept et il est seulement la représentation de ce à quoi se rapporte toute pensée (*relatione accidentis*).

internes de notre âme) donne lieu, par un malentendu tout à fait naturel, à un argument très spécieux permettant de conclure de cette prétendue connaissance du substantiel de notre être pensant à sa nature, en tant que la connaissance de cette nature tombe tout à fait en dehors de l'ensemble de l'expérience.

§ 47

Or on peut donc bien qualifier de substance ce sujet pensant (l'âme) en tant que sujet dernier de la pensée qu'on ne peut plus représenter comme prédicat d'une autre chose ; ce concept n'en demeure pas moins tout à fait vide et sans conséquence, si l'on ne peut pas en prouver la permanence, car c'est là ce qui rend fécond dans l'expérience le concept des substances.

| Mais on ne saurait prouver la permanence à partir du 335 concept d'une substance comme d'une chose considérée en elle-même ; on ne le peut qu'en employant ce concept à l'expérience. La première Analogie de l'expérience [1] en a donné une démonstration suffisante ; et si l'on ne veut pas se rendre à cette preuve, que l'on essaie seulement si on réussit à prouver à partir du concept d'un sujet qui n'existe pas lui-même comme prédicat d'une autre chose, que son existence est absolument permanente et qu'il ne peut naître ou disparaître de son seul fait ou du fait d'une cause naturelle quelconque. En considérant en elles-mêmes de telles propositions synthétiques *a priori*, on ne saurait les prouver ; on ne le peut qu'en les mettant

---

1. *Kritik*, p. 182, A 182 = B 224 ; Ak. III, 162 (IV, 124) ; TP, 177.

en rapport avec les choses comme objets d'une expérience possible.

§ 48

Donc si nous voulons conclure à partir du concept de l'âme comme substance à sa permanence, une telle inférence ne peut valoir que si on rapporte l'âme à une expérience possible et non pas au titre de chose considérée en elle-même et au-delà de toute expérience possible. Or la vie est la condition subjective de toute notre expérience possible ; on ne peut donc conclure qu'à la permanence de l'âme dans la vie, car la mort de l'homme met un terme à toute expérience en ce qui concerne l'âme comme un objet de cette expérience, à moins que le contraire ne soit prouvé, ce qui est précisément la question. Donc on ne peut prouver la permanence de l'âme que dans la vie de l'homme (on nous fera bien grâce de la preuve), mais non pas après la mort (alors que c'est proprement ce qui nous intéresse) et cela, pour la raison générale que le concept de substance, en tant qu'il doit être considéré comme lié nécessairement au concept de permanence, ne peut l'être que selon un principe d'expérience possible et par conséquent uniquement lorsqu'il est employé à cette expérience [1].

---

1. Il est en fait bien remarquable que les métaphysiciens aient toujours glissé avec tant d'insouciance sur le principe de la permanence des substances sans jamais en rechercher une preuve ; c'est à n'en pas douter parce qu'ils se voyaient démunis de preuves dès qu'ils abordaient le concept de substance. Le sens commun qui se rendait bien compte qu'aucune unification des perceptions en une expérience n'était possible sans cette supposition, remédia à cette lacune par un postulat ; car il ne pouvait en aucune façon tirer ce principe de l'expé-

| § 49

Que quelque chose de réel hors de nous non seulement corresponde, mais même doive correspondre à nos perceptions externes, c'est là également ce qu'on ne saurait démontrer au titre d'une connexion des choses considérées en elles-mêmes, mais bien en vue de l'expérience. Ce qui signifie qu'on peut fort bien démontrer qu'il existe hors de nous quelque chose sur le mode empirique, donc comme phénomène dans l'espace, car nous n'avons pas affaire à d'autres objets que ceux qui appartiennent à une expérience possible, du fait même que de tels objets ne peuvent nous être donnés dans aucune expérience et par conséquent ne sont rien pour nous. Existe empiriquement hors de moi ce qui est intuitionné dans l'espace ; et comme cet espace ainsi que tous les phénomènes qu'il contient relève des représentations dont la liaison

---

rience elle-même : d'une part l'expérience ne peut suivre les matières (substances) en toutes leurs transformations et dissolutions assez loin pour trouver le matériau n'ayant jamais subi de diminution ; d'autre part le principe contient une *nécessité* qui est toujours le signe d'un principe *a priori*. Ils appliquèrent alors avec confiance ce principe au concept de l'âme considérée comme une substance et *concluent* à une persistance nécessaire de celle-ci après la mort de l'homme (en particulier la simplicité de cette substance, qui était conclue de l'indivisibilité de la conscience garantissait contre sa disparition par décomposition). S'ils avaient trouvé la véritable source de ce principe – ce qui toutefois exigeait des recherches bien plus approfondies que celles qu'ils eurent jamais envie d'entreprendre –, ils auraient vu que cette loi de la permanence des substances n'a d'existence que relativement à l'expérience et de ce fait ne peut valoir pour les choses que dans la mesure où elles doivent être connues et liées à d'autres dans l'expérience, mais jamais pour les choses en dehors de la considération de toute expérience possible, donc qu'elle ne peut valoir non plus pour l'âme après la mort.

des phénomènes du sens interne prouve la réalité de mon âme
(comme objet du sens interne), il en résulte que, grâce à l'expérience externe, j'ai conscience de la réalité des corps comme
phénomènes extérieurs dans l'espace, exactement comme
grâce à l'expérience interne, j'ai conscience de l'existence de
mon âme dans le temps, âme que je ne peux connaître même
que comme objet du sens interne au moyen de phénomènes qui
constituent un état intérieur, alors que son essence considérée
en elle-même, qui est au principe de ces phénomènes me
demeure inconnue. Ainsi l'idéalisme cartésien ne fait que
337 distinguer l'expérience externe du rêve, | et la légalité comme
critère de la vérité de cette expérience de l'absence de règles
et de la fausse apparence du rêve. Dans les deux cas il présup-
pose l'espace et le temps comme conditions de l'existence
des objets, et il se demande seulement si les objets des sens
externes que, dans l'état de veille, nous posons dans l'espace,
s'y trouvent réellement, tout comme l'âme, objet du sens interne, est réellement dans le temps, c'est-à-dire qu'il se demande
seulement si l'expérience comporte des critères certains qui la
distinguent de l'imagination. Or il est facile de lever ici ce
doute et nous ne cessons de le faire dans la vie courante : en
nous enquérant de la liaison des phénomènes selon les lois
générales de l'expérience ; si la représentation des choses
extérieures s'y conforme entièrement, nous ne pouvons douter
que ces choses doivent constituer une expérience véritable.
Ainsi l'idéalisme matériel est très facile à écarter dès lors que
l'on considère les phénomènes en tant que phénomènes uniquement selon leur liaison dans l'expérience ; que des corps
existent hors de nous (dans l'espace), c'est là une expérience
tout aussi certaine que ma propre existence (dans le temps)
selon la représentation du sens interne ; car la notion : *hors de*

nous signifie seulement l'existence dans l'espace. Mais comme le *Je* dans la proposition : *Je suis*, ne signifie pas seulement l'objet de l'intuition interne (dans le temps), mais le sujet de la conscience – de même que le *Corps* ne signifie pas simplement l'intuition externe (dans l'espace), mais aussi la *chose* considérée en elle-même qui est au principe de ce phénomène –, il en résulte qu'à la question : est-ce que les corps (comme phénomènes du sens externe) existent comme corps dans la nature *hors de ma pensée*?, on peut sans hésiter répondre négativement ; mais il n'en va pas différemment avec la question : Moi-même *en tant que phénomène du sens interne* (en tant qu'âme selon la psychologie empirique) est-ce que j'existe dans le temps indépendamment de ma faculté de représentation ? Car à cette question il faut également répondre de façon négative. De cette manière tout est tranché et certain si on en restitue le vrai sens. L'idéalisme formel (que je nomme encore idéalisme transcendantal) supprime réellement l'idéalisme matériel ou cartésien. Car, si l'espace n'est rien qu'une forme de ma sensibilité, en tant que représentation en moi, il est tout aussi réel que moi-même, et il ne s'agit plus dès lors que de la vérité empirique des phénomènes dans cet espace. S'il n'en est pas ainsi, mais si l'espace ainsi que les phénomènes dans l'espace sont quelque chose qui existe hors de nous, alors tous les critères de l'expérience en dehors de notre perception ne peuvent jamais prouver la réalité de ces objets hors de nous.

| § 50

2. *Idées cosmologiques* [1]

Ce produit de la raison pure dans son usage transcendant en est le phénomène le plus remarquable, et c'est de tous celui qui agit le plus efficacement pour réveiller la philosophie de son sommeil dogmatique et pour l'inciter à la lourde tâche de la critique de la raison.

J'appelle cette Idée cosmologique parce qu'elle ne prend jamais son objet que dans le monde sensible et qu'elle n'a besoin d'aucune autre Idée que celle dont l'objet est un objet des sens ; dans cette mesure elle est donc immanente et non transcendante, par suite, jusque là ce n'est pas encore une Idée ; alors qu'au contraire penser l'âme comme une substance simple revient déjà à penser un objet (le simple) tel qu'il ne peut être représenté aux sens. Néanmoins, l'Idée cosmologique étend tellement la liaison entre le conditionné et sa condition (que celle-ci soit mathématique ou dynamique) que l'expérience ne peut jamais l'égaler et, de ce point de vue, c'est toujours une Idée dont l'objet ne peut jamais être donné adéquatement dans aucune expérience.

§ 51

Ici l'utilité d'un système des catégories se manifeste de manière si nette et incontestable qu'à défaut d'autres preuves celle-ci suffirait à démontrer qu'elles sont indispensables dans

---

1. *Kritik*, p. 405, A 405 = B 432 ; Ak. III, 281 ; TP, 327 *sq.*

un système de la raison pure. Il n'y a pas plus de quatre Idées transcendantes de cette espèce, autant que de classes de catégories ; mais dans chacune de celles-ci, elles ne concernent que la complétude absolue de la série des conditions pour un conditionné donné. En conformité à ces Idées cosmologiques, il n'y a également que quatre espèces d'assertions dialectiques de la raison pure ; du fait même que celles-ci sont dialectiques, il est prouvé qu'à chaque assertion, selon des principes tout aussi spécieux de la raison, il s'en oppose une qui la contredit ; aucun art métaphysique des distinctions les plus subtiles ne peut prévenir ce conflit, il y faut celui qui contraint les philosophes à remonter aux sources premières de la raison pure. | Cette antinomie qui, loin d'être controuvée, se fonde dans la **339** nature de la raison humaine, et qui, de ce fait, est inévitable et n'a jamais de fin, comporte les quatre thèses suivantes avec leurs antithèses :

1

Thèse :
Selon le temps et l'espace, le monde a un *commencement* (une limite).

Antithèse :
Selon le temps et l'espace, le monde est *infini*.

2

Thèse :
Tout dans le monde est constitué à partir du *simple*.

Antithèse :
Il n'y a rien de simple, mais tout est *composé*.

3

Thèse :
Il y a dans le monde des causes par *liberté*.

Antithèse :
Il n'y a pas de liberté, tout est *nature*.

4

Thèse :
Dans la série des causes du monde, il y a un *être nécessaire*.

Antithèse :
Dans cette série, il n'y a rien de nécessaire ; tout *est contingent*.

§ 52

Or c'est là le plus étrange phénomène de la raison humaine ; en aucun autre de ses usages on n'en saurait citer d'exemple. Si, comme il arrive d'ordinaire, nous pensons les phénomènes du monde sensible comme s'ils étaient les choses en elles-mêmes, si, ce qui n'est | pas moins habituel et ce qui est même inévitable en l'absence de notre critique, nous admettons que les principes de leur liaison valent de façon générale pour les choses considérées en elles-mêmes et non pas simplement pour l'expérience, alors il surgit un conflit imprévu auquel il est absolument impossible de mettre un terme en suivant la voie dogmatique habituelle, puisque thèse et antithèse peuvent l'une et l'autre être établies par des preuves également lumineuses et irrésistibles – car je me porte garant de l'exactitude de toutes ces preuves – et puisque la raison se voit ainsi divisée avec elle-même, état qui réjouit le sceptique, mais qui doit porter le philosophe critique à la réflexion et à l'inquiétude.

§ 52b

En métaphysique, on peut faire du mauvais travail de mille manières sans craindre pour autant de parvenir à une contre vérité. Car pourvu que l'on ne se contredise pas soi-même, ce qui est parfaitement possible en des propositions synthétiques encore que parfaitement controversées, dans tous les cas où les concepts que nous lions sont de simples Idées qui ne peuvent être données dans l'expérience (en tout leur contenu), nous ne pouvons jamais être contredits par l'expérience. Car comment voudrions-nous trancher par l'expérience si le monde existe de toute éternité ou s'il a un commencement ? Si la matière est divisible à l'infini ou si elle est composée de parties simples ? De tels concepts ne sauraient être donnés en aucune expérience si étendue qu'on la suppose et par conséquent l'inexactitude de la proposition qui affirme ou de celle qui nie ne saurait être décelée grâce à cette pierre de touche.

Le seul cas possible où la raison manifesterait malgré elle sa dialectique secrète, qu'elle fait passer faussement pour dogmatique, serait celui où elle fonderait une assertion sur un principe universellement reconnu et conclurait exactement le contraire avec la plus grande rigueur logique à partir d'un autre principe tout aussi avéré. Or tel est effectivement le cas ici où il s'agit de quatre Idées naturelles de la raison, d'où naissent d'une part quatre assertions et d'autre part autant d'assertions opposées, chacune étant correctement conclue de principes universellement reconnus, et qui de cette façon révèlent l'apparence dialectique de la raison pure dans l'usage de ces principes, apparence qui sans cela devrait être à jamais cachée.

Il y a donc ici une épreuve décisive qui nous contraint à **341** découvrir une inexactitude | cachée dans les suppositions de la raison[1]. Deux propositions qui se contredisent ne peuvent être toutes deux fausses, sauf si le concept qui les fonde toutes deux est lui-même contradictoire ; soit les deux propositions ; un cercle carré est rond ; un cercle carré n'est pas rond ; elles sont fausses toutes les deux. Car pour la première, il est faux que le cercle en question soit rond puisqu'il est carré ; mais il est également faux qu'il ne soit pas rond, c'est-à-dire qu'il ait des angles, puisque c'est un cercle. Car la marque logique de l'impossibilité d'un concept consiste précisément en ceci : que, si on le suppose, deux propositions qui se contredisent seraient fausses en même temps et par conséquent, puisqu'on ne peut penser de troisième proposition intermédiaire, au moyen de ce concept on ne pense *rien du tout*.

---

1. Si je souhaite que le lecteur critique s'occupe avant tout de cette antinomie, c'est qu'il semble que la nature se soit elle-même employée à la susciter pour rendre la raison hésitante dans ses prétentions téméraires et pour la contraindre à se mettre elle-même à l'épreuve. Je m'engage à répondre de toutes les démonstrations que j'ai données pour la thèse aussi bien que pour l'antithèse et du même coup à établir la certitude de l'inévitable antinomie de la raison. Or si le lecteur est amené par cet étrange phénomène à remonter à l'examen de l'hypothèse qui est à son principe, il se sentira contraint d'approfondir avec moi l'enquête sur le premier principe de toute connaissance de la raison pure.

§ 52c

C'est un concept contradictoire de ce genre qui est au principe des deux premières antinomies, que je nomme « mathématiques » parce qu'elles s'occupent de l'addition ou de la division de l'homogène ; et à partir de là j'explique comment il se fait que dans ces deux antinomies la thèse aussi bien que l'antithèse sont fausses.

Si je parle d'objets dans le temps et dans l'espace, ce n'est pas des choses considérées en elles-mêmes que je parle, car je ne sais rien de celles-ci, mais bien uniquement des choses dans le phénomène, c'est-à-dire de l'expérience comme d'un mode particulier de connaissance des objets, qui est imparti à l'homme seulement. Or de ce que je pense dans l'espace et dans le temps, il ne faut pas que je dise que cela existe en soi-même dans l'espace et dans le temps, même sans cette mienne pensée ; car alors je me contredirais moi-même, puisqu'espace et temps ainsi que les phénomènes en eux ne sont rien qui existe en soi-même et en dehors de mes représentations ; ils ne sont eux-mêmes que des | modes de représentation et il **342** est manifestement contradictoire de dire qu'un simple mode de représentation existe aussi hors de notre représentation. Donc les objets des sens n'existent que dans l'expérience ; leur accorder au contraire une existence propre qui subsiste par elle-même, même en l'absence de cette expérience ou antérieurement à celle-ci, cela équivaut à se représenter que l'expérience existe réellement sans expérience ou antérieurement à elle.

Or si je me demande quelle est, selon l'espace et le temps, la grandeur du monde, tous mes concepts sont tout aussi incapables de me dire qu'il est infini ou qu'il est fini. Car aucune de ces deux thèses ne peut être contenue dans l'expérience, puisqu'il n'y a d'expérience possible ni d'un espace *infini*, ou d'un temps passé infini, ni de *limitation* du monde par un espace vide ou par un temps antécédent vide ; ce ne sont là que des Idées. Il faudrait donc que cette grandeur du monde déterminé de l'une ou de l'autre manière existât en elle-même, à part de toute expérience. Mais cela contredit le concept d'un monde sensible, qui n'est qu'un ensemble du phénomène, dont l'existence et l'enchaînement n'ont lieu que dans la représentation, c'est-à-dire l'expérience, puisque ce monde lui-même est uniquement mode de représentation et non pas chose en soi. Comme le concept d'un monde sensible existant en soi est en lui-même contradictoire, il s'en suit que la solution du problème de sa grandeur sera fausse à tout coup, qu'on la cherche dans l'affirmation ou la négation.

Il faut en dire autant de la seconde antinomie, qui concerne la division des phénomènes. Car ceux-ci sont de simples représentations et les parties existent simplement dans leur représentation, par conséquent dans la division, c'est-à-dire dans une expérience possible où elles sont données et l'une n'a pas plus d'extension que l'autre. Admettre qu'un phénomène, par exemple, celui du corps, contient en lui-même avant tout expérience toutes les parties auxquelles seule peut toujours atteindre une expérience possible, cela revient à accorder une existence propre, qui précède l'expérience, à un simple phénomène qui ne peut exister que dans l'expérience ; ou encore, cela revient à dire qu'il existe de simples représentations avant qu'on les trouve dans la faculté représentative, ce qui se contredit et contredit du même coup toute solution du problème mal posé, quelle que soit la réponse qu'on lui donne, soit qu'on soutienne que les corps sont composés en eux-mêmes de parties infiniment nombreuses, ou au contraire d'un nombre fini de parties simples.

| § 53   **343**

Dans la première classe des antinomies (antinomies mathématiques) la fausseté de la supposition consistait en ceci : on se représente comme compatible en un concept ce qui se contredit (à savoir : le phénomène comme chose en elle-même). Mais dans la deuxième classe des antinomies (la classe dynamique), la fausseté de la supposition consiste à se représenter ce qui est conciliable comme contradictoire ; il s'ensuit qu'alors que dans le premier cas les assertions opposées entre elles étaient toutes deux fausses, ici au contraire les assertions, qui ne sont opposées entre elles que par simple malentendu, peuvent être toutes deux vraies.

C'est que la liaison mathématique suppose nécessairement l'homogénéité de ce qu'elle relie (dans le concept de grandeur), ce que la liaison dynamique n'exige nullement. S'il s'agit de la grandeur de ce qui est étendu, toutes les parties doivent être homogènes entre elles et avec le tout ; au contraire, dans la liaison de la cause et de l'effet, il peut assurément y avoir aussi homogénéité, mais elle n'est pas nécessaire ; car le concept de causalité (grâce auquel par quelque chose quelque chose de tout différent est posé) n'exige absolument rien de tel.

Si l'on prenait les objets du monde sensible pour les choses en elles-mêmes, et si l'on prenait les lois de la nature mentionnées plus haut pour les lois des choses en elles-mêmes, la contradiction serait inévitable. De même, si le sujet de la liberté était, tout comme les autres objets, représenté comme simple phénomène, on ne pourrait pas davantage éviter la contradiction ; car on pourrait en même temps affirmer et nier dans le même sens la même chose d'un même objet. Mais si la nécessité de la nature est attribuée simplement aux phéno-mènes et la liberté simplement aux choses en elles-mêmes, il ne surgit aucune contradiction si on admet ou accorde égale-ment deux espèces de causalité, si difficile ou impossible qu'il puisse être de rendre concevable la causalité de la seconde espèce.

Dans le phénomène, tout effet est un événement ou quelque chose qui arrive dans le temps ; il doit être précédé, selon la loi universelle de la nature, d'une détermination de la causalité de sa cause (d'un état de cette cause), à la suite de quoi l'événement se produit selon une loi constante. Mais cette détermination de la cause à la causalité doit aussi être quelque chose qui se passe ou *arrive* ; il faut que la cause ait *commencé d'agir* ; car autrement on ne pourrait penser aucun écoulement **344** temporel entre la cause et l'effet. | L'effet aurait existé de tout temps aussi bien que la causalité de la cause. Il faut donc que la détermination de la cause à *produire son effet* soit également arrivée parmi les phénomènes et soit par conséquent, tout comme son effet, un événement qui, à son tour, doit avoir sa cause etc., et que par suite la nécessité naturelle soit la condi-tion selon laquelle les causes efficientes sont déterminées. Si au contraire la liberté doit être une propriété de certaines causes des phénomènes, il faut qu'elle soit relativement à ces phénomènes en tant qu'événements un pouvoir de les commencer d'*elle-même* (*sponte*), c'est-à-dire sans que la causalité de la cause doive elle-même commencer et par conséquent sans qu'elle ait besoin d'aucun autre principe déterminant son commencement. Mais alors il faudrait que *la*

cause ne se trouve pas soumise en sa causalité à des déterminations temporelles de son état, c'est-à-dire qu'il faudrait qu'elle
n'ait *rien d'un phénomène*, c'est-à-dire qu'il faudrait qu'on
admette qu'elle est une chose en elle-même, tandis que les
effets seuls sont des phénomènes [1]. Si l'on peut penser sans
contradiction une telle influence des êtres intelligibles sur les
phénomènes, alors assurément la nécessité naturelle s'atta-
chera à toute liaison de cause à effet dans le monde sensible,
mais on pourra d'autre part sans contradiction accorder à cette
cause qui n'est pas elle-même un phénomène (encore qu'elle
soit à son principe), la liberté, et ainsi attribuer nature et liberté
à la même chose, mais à deux points de vue différents, d'une
part à titre de phénomène, d'autre part à titre de chose en elle-
même.

---

1. L'Idée de la liberté trouve place uniquement dans le rapport entre
l'*intelligible* comme cause et le *phénomène* comme effet. Aussi ne pouvons-
nous attribuer la liberté à la matière en son action incessante pour remplir
son espace, en dépit du fait que cette action résulte d'un principe interne. Nous
ne pouvons pas davantage trouver qu'un concept de liberté convienne à de
purs êtres intelligibles, comme Dieu, par exemple, en tant que son action est
immanente. Car son action tout en étant indépendante de causes déterminantes
externes, n'en est pas moins déterminée dans sa raison éternelle, par conséquent
dans la *nature* divine. C'est seulement lorsqu'il faut que *quelque chose
commence* au moyen d'une action et que par conséquent l'effet se trouve dans la
série du temps, donc dans le monde sensible (par exemple, le commencement
du monde) que la question se pose de savoir si la causalité de la cause doit elle-
même également commencer ou bien si la cause peut susciter un effet sans que
sa causalité elle-même commence. Dans le premier cas le concept de cette
causalité est un concept de nécessité naturelle, dans le second, de liberté.
D'après cela le lecteur remarquera qu'en définissant la liberté comme la faculté
de commencer par soi-même un événement j'ai précisément mis le doigt sur le
concept qui est le problème de la métaphysique.

Nous avons en nous un pouvoir qui d'un côté se trouve lié à ses principes subjectivement déterminants qui sont les causes **345** naturelles de ses actions, | et, à ce titre, c'est le pouvoir d'un être qui fait lui-même partie des phénomènes ; mais ce pouvoir se rapporte également à des principes objectifs, à de simples *Idées*, pour autant qu'ils sont capables de le déterminer, rapport qu'exprime le terme : *devoir*. Ce pouvoir se nomme *raison*, et dans la mesure où nous considérons un être (l'homme) uniquement selon cette raison objectivement déterminable, on ne peut le considérer comme un être sensible ; tout au contraire, l'attribut en question est celui d'une chose considérée en elle-même et c'est une propriété dont nous ne pouvons concevoir la possibilité ; je veux dire que nous ne pouvons concevoir comment le *devoir être*, qui pourtant n'est jamais encore advenu, en détermine l'activité et peut être cause d'actions dont l'effet est phénomène dans le monde sensible. Pourtant la causalité de la raison relativement aux effets dans le monde sensible serait liberté pour autant que des *principes objectifs* qui sont eux-mêmes des Idées sont considérés comme déterminants à l'égard de ces effets. Car en ce cas l'action de la raison ne dépendrait pas de conditions subjectives, ni, de ce fait, de conditions de temps, ni non plus, par conséquent, de la loi de la nature qui sert à les déterminer, puisque c'est par principes, sans influence des circonstances de temps ou de lieu, que, de façon universelle, les principes de la raison procurent la règle aux actions.

Ce que j'allègue ici ne vaut que comme exemple destiné à l'intelligibilité et n'appartient pas de façon nécessaire à notre question qui doit être tranchée uniquement par concepts, indépendamment des propriétés que nous rencontrons dans le monde réel.

Maintenant, je peux dire sans contradiction : toutes les actions d'êtres raisonnables pour autant que ce sont des phénomènes (qu'on peut les trouver dans quelque expérience) se soumettent à la nécessité naturelle, alors que les mêmes actions, au seul point de vue du sujet raisonnable et de son pouvoir d'agir uniquement par la raison, sont libres. Car qu'exige la nécessité de la nature ? Rien de plus que la déterminabilité de tout événement du monde sensible par des lois constantes, par conséquent une relation à la cause dans le phénomène, à côté de quoi la chose considérée en elle-même, qui en est le principe, ainsi que sa causalité demeurent inconnues. Or je prétends : la loi *naturelle demeure*, que l'être raisonnable soit cause des effets du monde sensible par raison, donc par liberté, ou qu'il ne les détermine pas par principes rationnels. Car dans le premier cas, l'action se produit d'après des maximes dont l'effet dans le phénomène sera toujours conforme à des lois constantes ; | dans le second cas, l'action **346** ne se produit pas selon les principes de la raison et elle est soumise aux lois empiriques de la sensibilité ; dans les deux cas, l'interdépendance des effets est régie par des lois constantes ; or, pour la nécessité de la nature, nous n'en demandons pas davantage et même nous n'en savons pas davantage à son sujet. Mais dans le premier cas la cause de ces lois naturelles, c'est la raison et par conséquent elle est libre ; dans le second cas, les effets se déroulent selon les seules lois naturelles de la sensibilité, parce que la raison n'exerce aucune influence sur eux ; quant à la raison, elle n'en est pas elle-même pour autant déterminée par la sensibilité (c'est impossible) et par conséquent, même dans ce cas, elle est libre. Donc la liberté ne fait pas obstacle à la loi naturelle des phénomènes, pas plus que cette loi ne porte atteinte à la liberté de l'usage pratique de la raison, usage qui est en connexion avec les choses en elles-mêmes à titre de principes déterminants.

Voilà donc comment se trouve sauvée la liberté pratique, je veux dire celle dans laquelle la raison détient la causalité selon des principes qui déterminent objectivement, sans que la nécessité de la nature relativement à ces mêmes effets comme phénomènes en reçoive le moindre préjudice. Cela même peut encore servir à éclaircir ce que nous avions à dire concernant la liberté transcendantale et sa conjonction avec la nécessité de la nature (considérée dans le même sujet, mais pas en une seule et même relation). Car sur ce point, tout commencement de l'action d'un être à partir de causes objectives est toujours, relativement à ces principes déterminants, un *commencement premier*, encore que, dans la série des phénomènes, cette même action ne soit qu'un *commencement subalterne*, que doit précéder un état des causes qui la détermine et qui est lui-même pareillement déterminé par une cause prochaine antécédente : en sorte que, dans des êtres raisonnables, ou de façon générale dans des êtres, pour autant que leur causalité est déterminée en eux considérés comme choses en elles-mêmes, on peut penser, sans se mettre en contradiction avec les lois de la nature, un pouvoir de commencer par soi-même une série d'états. Car le rapport de l'action aux principes objectifs de la raison n'est aucunement un rapport de temps ; ici, ce qui détermine la causalité ne précède pas l'action dans le temps, puisque de tels principes déterminants ne représentent pas la relation des objets aux sens, et du même coup à des causes dans le phénomène, mais ils représentent des causes déterminantes comme des choses en elles-mêmes qui ne sont pas soumises à des conditions de temps. Ainsi on peut considérer l'action au point de vue de la causalité de la raison comme un commencement simplement subordonné au point de vue de la série | des phénomènes, et, sans contradiction, comme libre **347** au premier point de vue, et, au second point de vue, comme soumise à la nécessité de la nature (car en ce cas c'est un simple phénomène).

Quant à la *quatrième* antinomie, sa solution est comparable à celle du conflit de la raison avec elle-même dans la troisième. Car il suffit de distinguer la *cause dans le phénomène de la cause des phénomènes*, pour autant qu'elle peut être pensée comme *chose en elle-même*, pour que les deux assertions puissent parfaitement coexister : d'une part, du monde sensible il n'y a aucune cause (selon de semblables lois de causalité), dont l'existence soit absolument nécessaire ; d'autre part, ce monde est cependant lié à un être nécessaire comme à sa cause (mais c'est une cause d'une autre espèce et c'est selon une autre loi) ; l'incompatibilité des deux propositions repose simplement sur ce malentendu : on étend aux choses en elles-mêmes ce qui vaut simplement pour les phénomènes et, de façon générale, on mêle les deux en un seul concept.

§ 54

Ainsi se pose et se résout toute l'antinomie en laquelle la raison se trouve engagée par l'application de ses principes au monde sensible ; le simple fait de l'avoir posée aurait déjà rendu un service considérable à la connaissance de la raison humaine, lors même que la solution de ce conflit ne devrait pas avoir encore procuré entière satisfaction au lecteur, qui a ici à lutter contre une apparence naturelle qui vient seulement de lui être présentée pour la première fois comme telle, alors que jusqu'à ce jour il l'avait toujours tenue pour vraie. Car en voici en tout état de cause une conséquence inévitable : puisqu'il est tout à fait impossible de sortir de ce conflit de la raison avec elle-même tant qu'on prend les objets des sens pour des choses en elles-mêmes et non pour ce qu'ils sont en fait : de simples phénomènes, du coup le lecteur est contraint d'examiner une nouvelle fois la déduction de toute notre connaissance *a priori* et la mise à l'épreuve de celle que j'en ai proposée, pour parvenir à trancher cette question. Pour l'instant, je n'en demande pas plus ; car n'aurait-il fait en s'y employant que pénétrer pour la première fois assez avant dans la nature de la raison que déjà il se serait familiarisé avec les concepts indispensables à la **348** solution | du conflit de la raison, à défaut de quoi je ne puis attendre pleine approbation même du lecteur le plus attentif.

§ 55

3. *Idée théologique* [1]

La troisième Idée transcendantale qui donne matière à l'emploi de la raison de loin le plus important, mais excessif (transcendant) et du coup, dialectique, si l'exercice en est simplement spéculatif, c'est l'idéal de la raison pure. Ici, à la différence des Idées psychologiques et cosmologiques, la raison ne part pas de l'expérience et n'est pas entraînée par une gradation des principes à tendre si possible à l'intégralité de leur série, mais elle effectue une rupture complète et à partir

1. *Kritik*, p. 571, A 571 = B 599 ; Ak. III, 385 ; TP, 415 *sq.*

des simples concepts de ce qui constituerait l'intégralité absolue d'une chose en général, par conséquent grâce à l'Idée d'un
Être originaire suprêmement parfait, elle descend à la détermination de la possibilité et du même coup de la réalité de toutes
les autres choses ; cela étant, la simple supposition d'un Être
qui, bien qu'il ne soit pas pensé dans la série de l'expérience,
est néanmoins pensé en vue de l'expérience pour permettre
d'en concevoir la connexion, l'ordre et l'unité, supposition en
quoi consiste l'Idée, est ici plus facile que dans les autres cas à
distinguer du concept d'entendement. Aussi était-il facile de
mettre ici en évidence l'apparence dialectique qui résulte de ce
que nous tenons les conditions subjectives de notre pensée
pour des conditions objectives des choses elles-mêmes et une
hypothèse nécessaire à la satisfaction de notre raison pour un
dogme ; et je n'ai rien de plus à observer sur les prétentions de
la théologie transcendantale, car ce que la *Critique* dit à ce
sujet est clair, évident et décisif.

§ 56. REMARQUE GÉNÉRALE
SUR LES IDÉES TRANSCENDANTALES

Les objets qui nous sont donnés par expérience nous
sont à maints égards inexplicables et bien des questions
| auxquelles la loi de la nature nous conduit, lorsque, tout en **349**
restant conformes à cette loi, elles sont élevées à un certain
niveau, ne sauraient recevoir aucune réponse, par exemple :
d'où vient que les matières s'attirent entre elles ? Mais si nous
quittons complètement la nature ou bien si en poursuivant son
enchaînement nous dépassons toute expérience possible, bref
si nous plongeons dans les seules Idées, alors nous ne pouvons

pas dire que l'objet nous est inexplicable et que la nature des choses nous pose des problèmes insolubles ; car dans ce cas ce n'est plus à la nature ou de façon générale à des objets donnés que nous avons affaire, mais uniquement à des concepts qui ne tirent leur origine que de notre raison et uniquement à des êtres de pensée relativement auxquels tous les problèmes que fait naître leur concept doivent pouvoir être résolus ; car sans contredit la raison peut et doit rendre intégralement compte de son propre procédé[1]. Les Idées psychologiques, cosmologiques et théologiques n'étant que des concepts purs de la raison qui ne peuvent être donnés dans aucune expérience, les questions que la raison nous pose à leur propos ne sont pas soulevées par les objets, mais par de simples maximes de la raison qui visent à sa propre satisfaction, et il faut qu'elles puissent toutes recevoir une réponse suffisante ; aussi est-ce bien le résultat auquel on parvient en montrant que ce sont des principes destinés à amener l'usage de notre entendement à complète harmonisation, perfection et unité synthétique, et

---

1. M. *Platner* dit de façon pénétrante dans ses *Aphorismes*, § 728-729 : « Si la raison est un critère, il ne peut y avoir aucun concept possible qui soit inconcevable à la raison humaine. – Ce n'est que dans le réel qu'il y a de l'inconcevable. Ici l'inconcevabilité provient de l'insuffisance des idées acquises ». – Ce n'est donc un paradoxe qu'en apparence, et au demeurant cela n'a rien d'étrange que de dire : il y a beaucoup d'inconcevable pour nous dans la nature (par exemple : la génération), mais si nous nous élevons encore plus haut et si nous allons jusqu'à dépasser la nature, tout redevient pour nous concevable ; et c'est qu'alors nous quittons complètement les objets qui peuvent nous être donnés et que nous nous occupons uniquement des Idées, en lesquelles nous pouvons fort bien concevoir la loi que par leur moyen la raison prescrit à l'entendement pour son usage empirique, puisque cette loi constitue son propre produit.

que ces principes ne valent que pour l'expérience, mais qu'ils valent pour celle-ci en son *entier*. Or, bien qu'un tout absolu de l'expérience soit impossible, l'Idée d'un tout de la connaissance par principes en général est la seule chose qui puisse bien lui procurer une espèce particulière d'unité : celle d'un système ; à défaut d'une telle unité, notre connaissance demeure décousue et elle ne peut servir | à la fin suprême (qui **350** n'est jamais que le système de toutes les fins) ; or je n'entends pas ici uniquement la fin pratique, mais également la fin suprême de l'usage spéculatif de la raison.

Ainsi les Idées transcendantales expriment la destination propre de la raison : celle d'un principe de l'unité systématique de l'usage de l'entendement. Mais si on traite cette unité du mode de connaissance comme si elle était attachée à l'objet de la connaissance, si on la tient pour *constitutive*, alors qu'elle n'est proprement que *régulatrice*, si on se persuade que l'on peut grâce à ces Idées étendre sa connaissance bien au-delà de toute expérience possible, donc de manière transcendante, alors que cependant elle ne sert qu'à amener l'expérience en elle-même aussi près que possible de l'intégralité, c'est-à-dire à n'en limiter la progression par rien qui ne puisse appartenir à l'expérience, alors il s'agit là d'un simple malentendu dans l'appréciation de la destination propre de notre raison et de ses principes et c'est une Dialectique qui pour une part perturbe l'usage empirique de la raison, pour une part divise la raison d'avec elle-même.

V

CONCLUSION
DE LA DÉTERMINATION DES LIMITES
DE LA RAISON PURE

§ 57

Après les démonstrations tout à fait claires que nous avons précédemment données, il y aurait absurdité à espérer connaître d'un objet quelconque davantage que ce qui relève de l'expérience possible de cet objet, ou encore prétendre à la moindre connaissance d'une chose dont nous admettons qu'elle n'est pas un objet d'expérience possible, en vue de la déterminer selon sa constitution telle qu'elle est en elle-même ; car comment veut-on parvenir à cette détermination, alors que le temps, l'espace et tous les concepts d'entendement, bien plus : tous les concepts tirés du monde sensible par l'intuition empirique ou *perception*, n'ont et ne peuvent avoir d'autre usage que de rendre l'expérience possible et alors que même les concepts purs de l'entendement dès qu'ils sont affranchis de cette condition ne déterminent aucun objet et sont dépourvus de toute signification ?

Mais il y aurait une absurdité plus grande encore à ne concéder à aucune chose d'exister en elle-même ou encore 351 à prétendre donner notre expérience | pour le seul mode de connaissance possible des choses, par conséquent notre intuition dans l'espace et le temps pour la seule intuition possible, notre entendement discursif pour le prototype de tout entendement possible, bref à prétendre savoir tenir les principes de la possibilité de l'expérience pour conditions universelles des choses en elles-mêmes.

En conséquence, nos principes qui limitent l'usage de la raison à l'expérience possible pourraient eux-mêmes devenir *transcendants* et faire passer les bornes de notre raison pour bornes de la possibilité des choses elles-mêmes (comme les Dialogues de *Hume* peuvent en offrir l'illustration), si une critique scrupuleuse ne surveillait les limites de notre raison-même relativement à son usage empirique et ne fixait un terme à ses prétentions. La toute première origine du scepticisme, c'est la métaphysique et sa dialectique non policée. Il peut bien commencer par faire passer pour vain et trompeur, dans l'intérêt de l'usage empirique de la raison, tout ce qui outre-passe cet usage ; mais, peu à peu, en s'apercevant que ce sont pourtant bien les mêmes principes *a priori* dont on se sert dans l'expérience qui menaient, sans qu'on le remarque, et tout aussi légitimement, semblait-il, encore au-delà de ce que l'expérience atteint, on se mit à insinuer un doute jusque dans les principes de l'expérience eux-mêmes. Or cela ne présente aucun danger, car en ce domaine le bon sens maintiendra bien toujours ses droits ; mais cela suscita pourtant un embarras particulier dans la science, incapable de déterminer jusqu'où elle peut se fier à la raison, pourquoi seulement jusqu'à tel point et pas plus loin; or c'est seulement en déterminant de façon formelle et à partir de principes les limites de l'usage de notre raison que l'on peut porter remède à cet embarras et prévenir son retour ultérieur.

C'est vrai: nous ne pouvons donner, au-delà de toute expérience possible, aucun concept déterminé de ce que peuvent être les choses en elles-mêmes. Néanmoins nous ne sommes pas libres de nous abstenir complètement de toute recherche à leur propos; car l'expérience ne satisfait jamais entièrement la raison; elle nous renvoie sans cesse plus loin dans la réponse aux questions et nous laisse toujours insatisfaits quand il s'agit d'explication complète, comme chacun peut s'en apercevoir suffisamment par la dialectique de la raison pure, qui précisément de ce fait est subjectivement bien fondée. Qui pourrait bien supporter que, s'agissant de la nature de notre âme, nous parvenions à la conscience claire du sujet et en même temps à la conviction qu'on ne peut donner d'explication *matérialiste* de ses phénomènes, | sans se demander : 352 qu'est-ce proprement que l'âme? et sans admettre à cette seule fin, si aucun concept d'expérience n'y suffit, à tout le moins un concept de la raison (celui d'un être immatériel simple), lors même que nous ne pouvons pas du tout démontrer sa réalité objective? Qui peut se contenter de la seule connaissance d'expérience dans toutes les questions cosmologiques concernant la durée et la grandeur du monde, la liberté ou la nécessité naturelle, dès lors que, de quelque manière que nous nous y prenions, toute réponse donnée selon les principes de l'expérience engendre toujours une nouvelle question, qui appelle également une réponse et montre clairement par là que toutes les espèces physiques d'explication ne suffisent pas à satisfaire la raison ? Enfin, qui ne voit qu'il est impossible de s'en tenir à la contingence et à la dépendance universelles de tout ce que les seuls principes de l'expérience lui permettent de penser et d'admettre, et qui ne se sent, en dépit de toute interdiction de se perdre dans les Idées transcendantes, nécessairement poussé à chercher encore cependant repos et satisfaction, au-delà de tous les concepts qu'il peut justifier par l'expérience, dans le concept d'un Être dont l'Idée assurément ne peut en elle-même être conçue selon sa possibilité, encore qu'elle ne puisse non plus être réfutée, mais à défaut de laquelle il faudrait que la raison demeurât à jamais insatisfaite ?

Les limites (dans le cas des êtres étendus) supposent toujours un espace qui se trouve à l'extérieur d'un endroit déterminé, et qui enclôt cet endroit ; les bornes n'exigent rien de tel : ce sont seulement des négations affectant une grandeur pour autant qu'elle n'a pas une intégralité absolue. Or notre raison voit, si l'on peut dire, autour d'elle un espace pour la connaissance des choses en elles-mêmes, bien qu'elle ne puisse jamais en avoir de concepts déterminés et qu'elle soit restreinte aux phénomènes.

Tant que la connaissance de la raison est homogène, on ne peut concevoir qu'elle ait des limites déterminées. En mathématique et dans la science de la nature, la raison humaine connaît, il est vrai, des bornes, mais pas de limites, c'est-à-dire qu'elle reconnaît qu'il y a quelque chose en dehors d'elle, à quoi elle est à jamais incapable d'atteindre, mais non pas qu'elle-même parvienne à son terme quelque part en son développement intérieur. L'extension des connaissances mathématiques et la possibilité d'inventions toujours nouvelles vont à l'infini ; de même la découverte de nouvelles propriétés de la nature, de forces et de lois nouvelles, grâce à l'expérience continuée ainsi qu'à leur unification par la raison. Or ici on ne saurait néanmoins méconnaître des bornes, car la mathématique ne concerne | que les *phénomènes* et ce qui ne peut être **353** un objet de l'intuition sensible, comme les concepts de la métaphysique et de la morale, se trouve tout à fait en dehors de sa sphère et elle est à jamais incapable d'y conduire. Mais aussi bien, elle n'en a nul besoin. Il n'y a donc aucune progression continue et aucun rapprochement vers ces sciences, ni, si l'on peut dire, de point ou de ligne de contact. Jamais la science de la nature ne nous dévoilera l'intérieur des choses, c'est-à-dire ce qui n'est pas phénomène, tout en pouvant cependant servir de principe suprême d'explication des phénomènes ; mais elle n'en a même pas besoin pour ses explications physiques ; bien plus, si un tel principe lui était d'autre part proposé (par exemple, une influence d'êtres immatériels), elle se doit de l'exclure et de se garder de l'introduire dans la suite de ses explications, qu'elle doit toujours fonder uniquement sur ce qui peut, à titre d'objet des sens, relever de l'expérience et être mis, selon les lois de l'expérience, en connexion avec nos perceptions réelles.

Mais dans les tentatives dialectiques de la raison pure (qui ne sont pas entreprises arbitrairement ou témérairement, c'est la nature de la raison elle-même qui nous y pousse), la métaphysique nous conduit à des limites, et les Idées transcendantales, du fait même qu'on ne peut les esquiver, sans pour autant jamais pouvoir les réaliser, servent non seulement à nous montrer réellement les limites de l'usage pur de la raison, mais, au surplus, la manière de déterminer ces limites ; et telle est bien la fin et l'utilité de cette disposition naturelle de notre raison qui a donné naissance à la métaphysique, son enfant chéri ; engendrement qu'il faut attribuer, comme tout autre au monde, non pas à quelque hasard, mais à un germe d'origine qui est sagement organisé pour des fins d'importance. Car la métaphysique, plus que toute autre science peut-être, est mise en nous selon ses principaux caractères par la nature elle-même, et l'on ne saurait y voir le produit d'un choix arbitraire ou une extension fortuite dans le progrès des expériences (car elle est complètement séparée de celles-ci).

Tous ses concepts et les lois de l'entendement qui suffisent à l'usage empirique, donc intérieur au monde sensible, de la raison ne parviennent cependant pas à contenter celle-ci ; car des questions qui ne cessent indéfiniment de se reposer la privent de tout espoir de leur donner une solution complète. Les Idées transcendantales qui ont cet achèvement pour inten-
354 tion sont de tels problèmes | de la raison. C'est alors qu'elle voit clairement que le monde sensible ne saurait contenir cet achèvement, pas plus que tous ces concepts qui ne servent qu'à le faire comprendre : espace et temps, et tout ce que nous avons cité sous le nom de concepts purs de l'entendement. Le monde sensible n'est qu'une chaîne de phénomènes liés selon les lois universelles, il n'a pas de consistance en lui-même, il n'est pas proprement la chose en elle-même ; aussi se rapporte-t-il nécessairement à ce qui contient le principe de ces phéno-mènes, à des êtres qui peuvent être connus non pas simplement comme des phénomènes, mais comme des choses en elles-mêmes. Seule la connaissance de ces êtres peut donner à la raison de voir un jour satisfaite son aspiration à l'intégralité dans sa progression du conditionné à ses conditions.

Nous avons précédemment (§ 33, 34) montré les bornes de la raison relativement à toute connaissance d'êtres uniquement intelligibles; maintenant, comme les idées transcendantales rendent cependant nécessaire que nous progressions jusqu'à ces êtres et comme elles nous ont donc conduits au point de contact, si l'on peut dire, entre l'espace plein (de l'expérience) et l'espace vide (*les noumènes*, dont nous ne pouvons rien savoir), nous pouvons déterminer les limites de la raison pure; car en toutes limites il y a aussi quelque chose de positif (par exemple : la surface est la limite de l'espace corporel, alors qu'elle est cependant elle-même un espace; la ligne est un espace, qui est la limite de la surface; le point est la limite de la ligne, et cependant c'est toujours encore un lieu dans l'espace), alors que les bornes au contraire ne contiennent que des négations. Les bornes que nous avons indiquées dans le paragraphe que nous venons de citer ne suffisent pas encore, puisque nous avons trouvé qu'il y a encore quelque chose au-delà d'elles (en dépit du fait que nous ne connaîtrons jamais ce que cette chose est en elle-même). Car voici la question qui se pose maintenant : comment se comporte notre raison en cette liaison de ce que nous connaissons avec ce que nous ne connaissons pas et que nous ne connaîtrons même jamais? Voici une liaison réelle du connu avec quelque chose qui est complètement inconnu (et même qui demeurera toujours inconnu) et si avec cela ce qui est inconnu ne devait pas le moindrement devenir connu – comme il n'y a pas lieu, en fait, de l'espérer – alors, il faut toutefois que le concept de cette liaison puisse être déterminé et rendu distinct.

Nous devons donc penser un être immatériel, un monde intelligible et un Être supérieur à tous les êtres (ce sont uniquement des noumènes), puisque c'est seulement dans ces choses en elles-mêmes que la raison trouve un accomplissement et une satisfaction qu'elle ne peut jamais espérer trouver en **355** dérivant les phénomènes | de leurs principes homogènes, et puisque ces phénomènes se rapportent réellement à quelque chose qui se distingue d'eux (donc quelque chose de complètement hétérogène), dès lors qu'il est de fait que les phénomènes supposent toujours une chose en elle-même et donnent ainsi l'indication, qu'on puisse d'ailleurs ou non la connaître de plus près.

Or comme nous ne pouvons jamais connaître ces êtres intelligibles en ce qu'ils peuvent être en eux-mêmes, c'est-à-dire de manière déterminée, mais que néanmoins il faut que nous admettions de tels êtres en rapport au monde sensible et que nous les rattachions à ce monde par la raison, nous pourrons donc à tout le moins penser cette liaison au moyen de concepts qui expriment leur rapport au monde sensible. Car si nous ne pensons l'être intelligible que par des concepts purs de l'entendement, nous ne pensons par ce moyen réellement rien de déterminé et par conséquent notre concept est dépourvu de signification; mais si nous le pensons au moyen de propriétés empruntées au monde sensible, alors ce n'est plus un être intelligible, il est pensé comme un des phénomènes et il appartient au monde sensible. Nous allons prendre l'exemple du concept de l'Être suprême.

Le concept *déiste* est un concept tout à fait pur de la raison; mais il ne représente qu'une chose qui contient toutes les réalités sans être capable d'en déterminer une seule puisqu'il lui faudrait pour cela en emprunter l'exemple au monde sensible ; mais en ce cas, je n'aurais jamais affaire qu'à un objet des sens et non pas à quelque chose de tout à fait hétérogène, qui ne peut pas du tout être l'objet des sens. Car, par exemple, je lui attribuerais l'entendement ; mais je n'ai d'autre concept de l'entendement que celui du mien, d'un entendement auquel les sens doivent procurer des intuitions et qui s'emploie à les soumettre aux règles de l'unité de la conscience. Mais alors les éléments de mon concept se trouveraient toujours dans le phénomène ; or c'est précisément l'insuffisance des phénomènes qui venait de me contraindre à les dépasser vers le concept d'un être qui n'est pas dépendant des phénomènes et dont la détermination ne les implique pas comme conditions. Si d'autre part je coupe l'entendement de la sensibilité pour avoir un entendement pur, alors il ne me reste que la seule forme de la pensée sans intuition, qui ne me permet de ne rien connaître de déterminé, donc aucun objet. A cette fin, il me faudrait penser un entendement autre qui aurait l'intuition des objets ; mais je n'en ai pas le moindre concept, puisque celui de l'homme est discursif et ne peut | connaître que par concepts généraux. Il **356** m'arrive la même chose si j'attribue une volonté à l'Être suprême. Car je n'ai ce concept qu'en le tirant de mon expérience interne, mais celle-ci se fonde sur la dépendance de la satisfaction procurée par des objets dont l'existence est pour nous un besoin, par conséquent sur la sensibilité, ce qui contredit complètement le concept pur d'Être suprême.

Les objections de *Hume* contre le déisme sont faibles : elles ne touchent jamais qu'aux preuves et n'atteignent jamais la thèse de l'assertion déiste. Mais elles sont très fortes à l'égard du théisme, qui pour se constituer doit recourir à une détermination plus précise de notre concept, jusque là simplement transcendant, d'un Être suprême, et, compte tenu de la manière dont on organise ce concept, en certains cas (en fait dans tous les cas habituels), ces objections sont irréfutables. *Hume* s'en prend toujours au fait que par le simple concept d'un Être originaire, auquel nous attribuons des prédicats uniquement ontologiques (éternité, omniprésence, omnipotence), en réalité nous ne pensons absolument rien de déterminé; il faudrait y ajouter des propriétés capables de procurer un concept *in concreto*; il ne suffit pas de dire que c'est une cause, il faudrait dire quelle est la nature de sa causalité, si elle est le fait de l'entendement et de la volonté; et c'est à partir de là que les attaques de *Hume* touchent au fond et atteignent le théisme, alors qu'avant il ne faisait que s'en prendre aux preuves du déisme, ce qui n'entraîne pas de conséquences spéciale-ment dangereuses. L'ensemble de ses arguments redouta-bles converge sur l'anthropomorphisme qui est, selon lui, inséparable du théisme qu'il rend en lui-même contradictoire; si l'on écartait l'anthropomorphisme, du même coup le théisme s'effondrerait et il ne resterait que le déisme dont on ne peut rien faire, qui ne nous sert à rien et qui ne saurait servir de fondement à la religion et à la morale. S'il était certain que l'anthropomorphisme est inévitable, quelles que soient les preuves de l'existence d'un Être suprême et lors même qu'on les accorderait toutes, nous ne pourrions jamais déterminer le concept de cet être sans nous embrouiller dans des contradictions.

Si nous associons au mot d'ordre d'éviter tous les jugements transcendants la raison pure, le mot d'ordre opposé en apparence de pousser jusqu'aux concepts qui se situent hors du champ de son usage immanent (empirique), nous nous apercevons que tous deux peuvent fort bien coexister, mais uniquement à la *limite* précise de tout usage légitime de la raison ; car cette limite appartient tout aussi bien au champ | de **357** l'expérience qu'à celui des êtres de pensée, ce qui nous apprend du même coup que ces Idées si remarquables servent uniquement à déterminer les limites de la raison humaine : d'une part elles servent à ne pas étendre sans limites la connaissance par expérience de telle sorte qu'il ne nous resterait rien de plus à connaître que le monde exclusivement, et d'autre part elles servent cependant à ne pas dépasser les limites de l'expérience et à ne pas prétendre juger comme des choses en elles-mêmes les choses qui sont extérieures à ces limites.

Or nous nous tenons sur cette limite si nous restreignons notre jugement au seul rapport que le monde peut avoir à un Être dont le concept même se trouve extérieur à toute connaissance que nous sommes capables d'avoir à l'intérieur du monde. Car alors nous n'attribuons à l'Être suprême aucune des propriétés en *elles-mêmes* qui nous permettent de penser les objets de l'expérience, et de ce fait, nous évitons l'anthropomorphisme *dogmatique* ; mais nous attribuons cependant ces propriétés au rapport de l'Être suprême au monde et nous nous permettons un anthropomorphisme *symbolique* qui concerne en fait uniquement le langage et non l'objet lui-même.

Si je dis : nous sommes contraints de considérer le monde comme *s'il était l'œuvre* d'un entendement et d'une volonté suprêmes, je ne dis réellement rien de plus que ceci : tel est le rapport entre une montre, un bateau, un régiment et l'horloger, le constructeur, le colonel, tel le rapport entre le monde sensible (ou tout ce qui constitue les éléments et cet ensemble de phénomènes) et ce quelque chose d'inconnu qu'assurément je ne connais pas selon qu'il est en lui-même, mais bien selon ce qu'il est pour moi, c'est-à-dire relativement au monde dont je suis une partie.

§ 58

Une connaissance de cette espèce, c'est la connaissance *par analogie*, mot qui ne veut pas dire, comme on l'entend communément, une ressemblance imparfaite entre deux choses, mais bien la ressemblance parfaite de deux rapports entre des choses tout à fait dissemblables[1].

---

1. Ainsi il y a une analogie entre le rapport juridique d'actions humaines et le rapport mécanique de forces motrices : je ne puis jamais rien faire contre autrui sans lui donner le droit d'en faire autant contre moi dans les mêmes conditions, exactement comme aucun corps ne peut agir sur un autre avec sa force motrice sans être par là même cause que cet autre corps réagisse d'autant contre lui. Dans cet exemple, droit et force motrice sont des choses tout à fait dissemblables, mais dans leur rapport il y a cependant une ressemblance complète. Grâce à une telle analogie je peux donc donner un concept de relation entre des choses qui me sont absolument inconnues. Par exemple ce que la promotion du bonheur des enfants = a est à l'amour des parents = b, la prospérité du genre humain = c l'est à l'inconnu en Dieu = x, que nous appelons amour, non que cet amour ait la moindre ressemblance avec une quelconque inclination humaine, mais nous pouvons poser son rapport au monde comme semblable à celui que les choses du monde ont entre elles. Mais en ce cas le concept de relation est une simple catégorie, à savoir le concept de cause, qui n'a rien à voir avec la sensibilité.

Grâce à | cette analogie, il reste un concept de l'Être **358** suprême suffisamment déterminé *pour nous*, bien que nous ayons mis de côté tout ce qui pouvait le *déterminer* absolument et *en lui-même*; car nous le déterminons relativement au monde et par conséquent relativement à nous, et il ne nous en faut pas plus. Les attaques que *Hume* dirige contre ceux qui prétendent déterminer ce concept de manière absolue en empruntant pour ce faire les matériaux à eux-mêmes et au monde ne nous atteignent pas; il ne peut pas non plus nous faire le reproche qu'il ne nous resterait rien si du concept de l'Être suprême on nous ôtait l'anthropomorphisme objectif.

Que l'on accorde seulement au départ (c'est bien ce que fait *Hume* dans ses *Dialogues* sous le nom de Philon opposé à Cléanthe) comme une hypothèse nécessaire le concept *déiste* de l'Être originaire, concept où l'on pense l'Être originaire au moyen de prédicats ontologiques exclusivement : substance, cause, etc. (*c'est là une chose qu'il faut faire*, puisque sans cela, la raison poussée dans le monde sensible uniquement par des conditions qui sont toujours à leur tour conditionnées ne saurait être satisfaite, et *c'est là une chose que l'on a aussi le droit de faire* sans tomber dans l'anthropomorphisme qui transfère des prédicats tirés du monde sensible sur un Être entièrement distinct du monde, puisque ces prédicats sont simplement des catégories qui, assurément, ne donnent pas de cet Être un concept déterminé, mais qui de ce fait même n'en donnent pas non plus un concept restreint aux conditions de la sensibilité) dès lors, rien ne peut nous empêcher de prédiquer cet Être d'une *causalité par la raison* relativement au monde, et de passer au théisme sans être précisément contraint de lui attribuer cette raison comme une propriété inhérente à ce qu'il est en lui-même. En effet, sur le *premier point*, c'est la seule voie possible qui permette de pousser à son plus haut degré en maintenant son accord général avec lui-même l'usage de la **359** raison | relativement à toute expérience possible dans le monde sensible, lors même qu'on admet d'autre part une raison suprême comme une cause de toutes les liaisons dans le monde ; un tel principe doit être généralement profitable à la raison sans compromettre en rien son usage dans la nature. *En second lieu*, de cette manière on ne transfère pas la raison comme propriété à l'être originaire en lui-même, on ne la transfère qu'à son *rapport* au monde sensible, et ainsi on évite complètement l'anthropomorphisme. Car ici on ne considère que la *cause* de la forme rationnelle qu'on rencontre partout dans le monde ; assurément on attribue la raison à l'Être suprême dans la mesure où il contient le principe de cette forme rationnelle du monde, mais uniquement par analogie, c'est-à-dire dans la mesure où cette expression se contente d'indiquer le rapport que la cause suprême inconnue de nous entretient avec le monde, pour tout y déterminer rationnellement au plus haut degré. Voilà donc comment, au lieu d'employer l'attribut de la raison à penser Dieu, nous parvenons à nous en servir pour penser le monde, comme il est nécessaire pour obtenir l'usage le plus étendu possible de la raison appliqué à ce monde selon un principe. De cette manière nous reconnaissons qu'il nous est tout à fait impossible de pénétrer l'Être suprême en ce qu'il est en lui-même et que nous ne pouvons même pas le penser de *manière déterminée* et cela nous détourne de faire aucun usage transcendant des concepts que nous avons de la raison comme cause efficiente (grâce à la volonté) pour déterminer la nature humaine et nous perdre dans des conceptions grossières ou exaltées; cela nous évite également d'autre part de submerger l'examen du monde sous des modes d'explication hyperphysiques selon des concepts que nous transférons de la raison humaine à Dieu et de détourner cet examen de sa destination propre qui lui impose d'être une étude de la seule nature par la raison et non pas une présomptueuse déduction de ses phénomènes à partir d'une raison suprême. L'expression appropriée à nos frêles conceptions sera la suivante : nous pensons le monde comme si son existence et sa détermination interne étaient issues d'une raison suprême; de cette manière, d'une part nous connaissons la constitution qui lui revient en propre à lui, le monde, sans pour autant prétendre vouloir déterminer celle qui revient à sa cause en elle-même, et d'autre part nous mettons le principe de cette constitution (de la forme rationnelle | dans le monde), **360** dans le *rapport* de la cause suprême au monde, sans trouver que le monde suffit à cela par lui-même [1].

Ainsi s'évanouissent les difficultés qui paraissent s'opposer au théisme : au principe de *Hume* prescrivant de ne pas pousser l'usage de la raison au-delà du champ de toute expérience possible, il faut joindre cet autre principe que *Hume* a entièrement méconnu : ne pas considérer le champ de

---

1. Je dirai : la causalité de la cause suprême est par rapport au monde ce qu'est la raison humaine par rapport à ses œuvres d'art. En quoi la nature de la cause suprême me demeure inconnue : je me borne à comparer son effet que je connais (l'ordre du monde) et sa conformité à la raison avec les effets que je connais de la raison humaine et du coup j'appelle cette cause suprême une raison sans pour autant lui attribuer comme étant sa propriété cela même que j'entends par ce terme chez l'homme ou d'ailleurs quoi que ce soit connu de moi.

l'expérience possible comme quelque chose qui se limiterait de soi-même aux yeux de notre raison. La Critique de la raison assigne ici le véritable moyen terme entre le dogmatisme, que *Hume* combattait, et le scepticisme qu'il prétendait au contraire introduire ; c'est un moyen terme qui, à la différence d'autres justes milieux que l'on recommande de déterminer soi-même pour ainsi dire mécaniquement (une part de l'un, une part de l'autre) et qui n'enseignent d'amélioration à personne, peut au contraire être déterminé avec précision selon des principes.

§ 59

Au début de cette remarque je me suis servi de l'image sensible d'une *limite*, pour fixer les bornes de la raison relativement à l'usage qui lui est approprié. Le monde sensible ne contient que des phénomènes qui ne sont pas du tout ces choses en elles-mêmes qu'il faut donc que l'entendement admette (à titre de noumènes) précisément parce qu'il reconnaît comme simples phénomènes les objets de l'expérience. Dans notre raison les deux sont englobés ensemble, ce qui pose la question : comment la raison procède-t-elle pour limiter l'entendement relativement à ces deux champs ? L'expérience, qui contient tout ce qui relève du monde sensible, ne se limite pas d'elle-même ; à partir de tout conditionné, elle ne parvient jamais qu'à un autre conditionné. Il faut que ce qui doit la limiter se trouve tout à fait en dehors d'elle, et c'est le champ des purs êtres intelligibles. Or celui-ci est pour nous un espace vide, dans la mesure où il s'agit de déterminer la nature **361** de ces êtres intelligibles | et dans cette mesure, s'agissant de concepts dogmatiquement déterminés, nous ne pouvons pas sortir du champ de l'expérience possible. Mais comme une limite est elle-même quelque chose de positif, qui appartient aussi bien à ce qu'elle enclôt qu'à l'espace situé à l'extérieur d'un ensemble donné, il y a donc bien une connaissance positive réelle à laquelle la raison ne prend part qu'en s'étendant jusqu'à cette limite, pourvu toutefois qu'elle ne tente pas de la transgresser, puisque, au-delà, elle trouve devant elle un espace vide dans lequel elle peut assurément penser des formes pour les choses, mais nullement les choses mêmes. Or la *limitation* du champ de l'expérience par quelque chose qui lui est au demeurant inconnu est bien une connaissance qui de ce point de vue reste acquise pour la raison ; par cette connaissance, la raison, sans être bornée au monde sensible et sans non plus s'égarer au-delà, s'en tient strictement, comme le permet une connaissance des limites, au rapport entre ce qui se situe à l'extérieur de ces limites et ce qui est contenu à l'intérieur.

La théologie naturelle est une conception de ce genre, à la limite de la raison humaine, puisqu'elle se voit contrainte à jeter le regard vers l'Idée d'un Être suprême (et au point de vue pratique également vers un monde intelligible) non pas pour déterminer quelque chose relativement à cet être purement intelligible et de ce fait extérieur au monde des sens, mais uniquement pour diriger son propre emploi à l'intérieur de ce monde selon les principes de la plus grande unité possible (tant théorique que pratique) et à cette fin pour se servir du rapport de ce monde à une raison qui se pose elle-même comme la cause de toutes les connexions qui s'y trouvent ; il ne s'agit pas pour elle de simplement *s'inventer* un être, mais, puisqu'il est absolument nécessaire qu'il se trouve en dehors du monde des sens quelque chose qui est seulement pensé par l'entendement pur, il s'agit pour elle de procéder ainsi pour *déterminer* cette chose, il est vrai simplement par analogie.

Reste ainsi notre proposition précédente, résultat de toute la Critique : « tous ses principes *a priori* n'apprennent jamais à notre raison rien de plus que des objets d'expérience possible, et, de ces objets, rien de plus que ce qui peut être connu dans l'expérience » ; mais cette restriction n'empêche pas la raison de nous conduire jusqu'à la *limite objective* de l'expérience, c'est-à-dire à la *relation* avec quelque chose, qui, sans être lui-même objet de l'expérience, n'en doit pas moins être cependant le principe suprême de tout objet de l'expérience ; ce qu'elle nous apprend, c'est non quelque chose qu'il est en lui-même mais en relation avec le propre usage de la raison
362 dans sa plénitude et | dirigé vers les plus hautes fins dans le champ de l'expérience possible. Or tel est également tout le profit qu'on peut raisonnablement se contenter de souhaiter en l'espèce, et dont on a sujet d'être satisfait.

§ 60

Nous avons ainsi exposé jusqu'au bout selon sa possibilité subjective la métaphysique telle qu'elle est réellement donnée *dans la disposition naturelle* de la raison humaine, et cela en ce qui constitue la fin essentielle de son élaboration. Là-dessus nous avons trouvé que cet usage *simplement naturel* d'une telle disposition de notre raison égare celle-ci dans des conclusions *dialectiques* transcendantes, les unes simplement spécieuses, les autres contradictoires entre elles, si cette disposition n'est pas tenue en bride et contenue dans des bornes par une discipline que seule une Critique scientifique rend possible; nous avons, au surplus, trouvé que cette métaphysique qui raisonne trop subtilement, loin d'être indispensable à l'amélioration de la connaissance de la nature, lui était franchement nuisible; cela étant, il n'en reste pas moins que c'est une tâche digne de la recherche que celle qui vise à découvrir quelles peuvent bien être les *fins de la nature* auxquelles s'ordonne cette disposition que manifeste notre raison à des concepts transcendants, car il est constant que tout ce qui se trouve dans la nature doit à l'origine être disposé en vue de quelque fin utile.

En fait une telle recherche est hasardeuse; aussi j'avoue que, comme sur tout ce qui touche aux fins premières de la nature, ce que j'ai à dire là-dessus n'est que conjecture; du moins peut-on me le permettre en ce cas, puisque la question ne porte pas sur la validité objective des jugements métaphysiques, mais sur la disposition naturelle à les former et que par conséquent elle se situe hors du système de la métaphysique, dans l'Anthropologie.

Quand je rassemble toutes les Idées transcendantales dont l'ensemble constitue le problème propre de la raison pure naturelle, lequel contraint celle-ci à délaisser la simple observation de la nature pour dépasser toute expérience possible et, dans cet effort, à élaborer la chose qui se nomme métaphysique (que ce soit un savoir ou une ratiocination), je crois m'apercevoir que cette disposition naturelle a pour fin d'affranchir notre conception des chaînes de l'expérience et des bornes de la simple observation de la nature, jusqu'à lui permettre de voir à tout le moins ouvert devant elle un champ qui contient uniquement des objets pour l'entendement pur, inaccessibles à la sensibilité; à vrai dire ce n'est pas pour que nous en fassions l'objet de notre spéculation (car nous ne trouvons aucun sol **363** | où pouvoir poser le pied), mais pour que des principes pratiques puissent tout au moins être acceptés comme possibles, principes qui, s'ils ne trouvaient pas devant eux un tel espace pour l'attente et l'espérance qui leur sont nécessaires, ne sauraient accéder à cette universalité dont la raison a absolument besoin pour sa fin morale.

Dès lors je trouve que l'Idée *psychologique*, si peu qu'elle me fasse connaître la nature pure et supérieure à tous les concepts empiriques de l'âme humaine, me montre à tout le moins assez clairement l'insuffisance de ces concepts, et par là me détourne du matérialisme comme d'une conception psychologique qui ne suffit à aucune explication naturelle et qui, au surplus, soumet à restriction la raison en sa fin pratique. Pareillement, les Idées *cosmologiques*, en rendant manifeste l'insuffisance de toute connaissance possible de la nature à satisfaire la raison en sa quête légitime, nous détournent du naturalisme qui prétend donner la nature comme se suffisant à elle-même. Enfin, étant donné que toute nécessité naturelle dans le monde sensible est toujours conditionnée, puisqu'elle suppose toujours que les choses dépendent d'autres choses, et qu'il ne faut chercher la nécessité inconditionnée que dans l'unité d'une cause distincte du monde sensible, alors qu'à son tour la causalité de cette cause, si elle n'était que nature, ne permettrait jamais de concevoir l'existence du contingent comme étant sa conséquence, cela étant, grâce à l'Idée *théologique*, la raison s'affranchit du fatalisme, c'est-à-dire d'une nécessité naturelle aveugle tant dans la cohérence de la nature elle-même en l'absence de premier principe que dans la causalité de ce principe lui-même, et elle conduit au concept d'une cause par liberté, donc d'une intelligence suprême. Ainsi les

Idées transcendantales, à défaut de servir à nous instruire de façon positive, servent du moins à éliminer les téméraires assertions du *matérialisme*, du *naturalisme*, et du *fatalisme* qui rétrécissent le champ de la raison, et de ce fait elles servent à aménager hors du champ de la spéculation un espace pour les Idées morales; voilà qui, à mon sens, expliquerait dans une certaine mesure cette disposition naturelle.

L'utilité pratique que peut avoir une science simplement spéculative se situe en dehors des limites de cette science; elle ne peut donc être considérée que comme un scolie, et pas plus qu'aucun scolie, elle ne fait partie de la science elle-même. Toutefois cette relation tout au moins se situe à l'intérieur des limites de la philosophie, surtout de celle qui puise aux sources de la raison pure, où il faut que l'usage spéculatif de la raison dans la métaphysique possède une unité | nécessaire avec son **364** usage pratique dans la morale. Par suite la dialectique inévitable de la raison pure dans une métaphysique considérée comme disposition naturelle mérite si possible d'être expliquée non seulement comme une apparence qui a besoin d'être résolue mais également comme une *institution de nature* selon sa fin, encore que cette explication, à titre de surcroît, ne puisse légitimement être exigée de la métaphysique proprement dite.

Il faudrait considérer comme un second scolie, malgré son affinité plus étroite avec le contenu de la métaphysique, la solution des questions traitées dans la Critique de la page 642 à la page 668[1]. Ces pages exposent certains principes de la raison qui déterminent *a priori* l'ordre de la nature ou plus

1. *Kritik*, A 642-668 = B 670-696; Ak. III, 426-441; TP, 452-466.

exactement l'entendement qui doit en rechercher les lois par l'expérience. Ils semblent être constitutifs et législateurs à l'égard de l'expérience, alors qu'en fait ils sont issus de la seule raison, qui, à la différence de l'entendement ne doit pas être considérée comme un principe d'expérience possible. Or leur accord repose-t-il sur ceci : tout de même que la nature n'est pas en elle-même attachée aux phénomènes ou à leur source, la sensibilité, mais ne se trouve que dans la relation de cette sensibilité à l'entendement, de même, pour cet entendement, l'unité complète de son emploi en vue d'une expérience possible totale (en un système) ne peut lui échoir qu'en relation à la raison, et du coup c'est aussi l'expérience qui de façon médiate est soumise à la législation de la raison ? Voilà dont l'examen peut être poursuivi par ceux qui veulent se mettre en quête de la nature de la raison également en dehors de son emploi en métaphysique, même dans les principes universels qui permettent de rendre systématique une histoire de la nature en général ; car si dans le livre lui-même j'ai bien montré l'importance de ce problème, je n'en ai pas cherché la solution[1].

---

1. Tout au long de la *Critique* je me suis constamment proposé de ne rien négliger qui pût parfaire l'enquête portant sur la nature de la raison pure, si profondément caché que cela puisse être. Après quoi chacun est libre de pousser sa recherche aussi loin qu'il veut, pourvu qu'on lui ait montré ce qui pourrait encore être entrepris. Car c'est là ce qu'il est juste d'attendre de celui qui s'est proposé de prendre la mesure de ce champ en son entier pour laisser ensuite aux autres le soin de l'exploiter plus tard et d'en faire à leur gré le partage. C'est également de cette considération que relèvent les deux scolies : en raison de leur aridité, il est bien difficile de les recommander à des amateurs et c'est donc aux seuls connaisseurs qu'ils ont été proposés.

| Et j'en termine ainsi avec la solution analytique de la **365** question capitale que j'avais moi-même formulée : comment la métaphysique en général est-elle possible ? Partant du lieu où son usage est réellement donné dans les conséquences tout au moins, je me suis élevé jusqu'aux principes de sa possibilité.

VI

SOLUTION DE LA QUESTION GÉNÉRALE DES PROLÉGOMÈNES : COMMENT LA MÉTAPHYSIQUE EST-ELLE POSSIBLE COMME SCIENCE ?

La métaphysique, en tant qu'elle est une disposition naturelle de la raison, est réelle, mais (comme la solution analytique de la troisième question capitale l'a démontré) par elle seule, elle est dialectique et trompeuse. Donc vouloir y puiser les principes et suivre en s'en servant l'apparence qui, pour être naturelle, n'en est pas moins fausse, cela ne peut produire qu'un vain art dialectique, jamais une science ; en cet art une école peut bien l'emporter sur l'autre, mais aucune n'est capable de jamais s'assurer une approbation légitime et durable.

Or pour qu'elle puisse prétendre, à titre de science, non pas simplement à une persuasion trompeuse, mais à la compréhension et à la conviction, il faut qu'une critique de la raison elle-même expose le fond des concepts *a priori*, leur division selon leurs différentes sources : la sensibilité, l'entendement et la raison, en outre, leur tableau complet et l'analyse de tous ces concepts avec toutes les conséquences qui peuvent s'ensuivre, ensuite et surtout la possibilité de la connaissance synthétique *a priori*, grâce à la déduction de ces concepts, les principes de leur emploi, enfin les limites de cet emploi ; et il faut qu'elle expose tout cela dans un système complet. Ainsi c'est la Critique, et elle seule, qui contient en elle non seulement tout le plan, mis à l'épreuve et vérifié, mais même tous les moyens d'exécution, permettant la réalisation de la métaphysique comme science, chose impossible par tous autres moyens et voies. De sorte que, ici, il s'agit moins de savoir comment cette entreprise est possible que de savoir comment la mettre en œuvre, comment de bons esprits pourraient être détournés de la tâche absurde et infructueuse à laquelle ils se sont livrés jusqu'à maintenant pour être orientés vers un travail exempt d'illusion, et comment leur union pourrait être dirigée au mieux vers la fin commune.

366 | Une chose est sûre : qui a goûté une fois de la Critique est à jamais dégoûté de tout le bavardage dogmatique dont il était auparavant obligé de se contenter parce que sa raison avait besoin de quelque chose et ne pouvait rien trouver de mieux pour son entretien. La Critique est à la métaphysique d'école ordinaire ce que la *chimie* est à l'*alchimie* ou l'*astronomie* à l'*astrologie* divinatrice. Je suis bien sûr que personne, après avoir approfondi et saisi les principes de la Critique, ne serait-ce que dans ces Prolégomènes, ne reviendra à cette vieille fausse-science sophistique ; au contraire, c'est avec une certaine réjouissance qu'il portera le regard vers une métaphysique qui à coup sûr est désormais en son pouvoir, qui n'a plus besoin de découvertes préparatoires et qui pour la première fois peut procurer satisfaction durable à la raison.

Car c'est un avantage sur lequel, seule entre toutes les sciences possibles, la métaphysique peut compter avec assurance : on peut la porter à sa perfection et à l'état stable, car elle ne peut se transformer ultérieurement et elle n'est pas susceptible de s'accroître du fait des nouvelles découvertes ; car en métaphysique, c'est en elle-même que la raison a les sources de sa connaissance, et non dans les objets et dans leur intuition qui ne peuvent rien lui apprendre de plus et quand elle a exposé les lois fondamentales de sa faculté de manière complète et prémunie contre tout malentendu, il ne reste rien qu'une raison pure pourrait connaître *a priori*, ni même rien qu'elle soit seulement fondée à demander. La perspective assurée d'un savoir si déterminé et circonscrit comporte un attrait particulier, lors même qu'on met de côté toute utilité (dont je parlerai encore dans la suite).

Tout art faux, toute science vaine n'ont qu'un temps ; car finalement, ils se détruisent eux-mêmes, et l'époque de leur plus haute culture coïncide avec celle de leur décadence. S'agissant de la métaphysique, ce moment est maintenant venu, comme le prouve l'état où elle est tombée chez tous les peuples cultivés, alors que d'autre part c'est avec une belle ardeur que les sciences de toute espèce y sont pratiquées. L'ancienne organisation des études universitaires en conserve encore l'ombre, une seule Académie des sciences en proposant des prix incite encore de temps à autre à y faire quelque essai ; mais elle n'est plus au nombre des sciences fondamentales, et on peut juger par soi-même de quelle manière un homme d'esprit que l'on voudrait qualifier de grand métaphysicien accueillerait cet éloge décerné dans une bonne intention, mais que presque personne n'envie.

367 | Mais bien que le temps de la décadence de toute métaphysique dogmatique soit sans aucun doute arrivé, pourtant il s'en faut encore de beaucoup que l'on puisse dire que le temps de sa renaissance grâce à une critique fondamentale et complète de la raison ait déjà fait son apparition. Tous les changements d'un penchant au penchant opposé passent par l'état de l'indifférence et ce moment est pour un auteur le plus dangereux, mais pour la science, c'est, à mon sens, le plus favorable. Car lorsque la dissolution complète des associations antérieures a chassé l'esprit partisan, les dispositions d'esprit sont éminemment favorables à accueillir peu à peu les propositions d'une association sur un autre plan.

Quand je prétends que ces Prolégomènes susciteront peut-être, je l'espère, la recherche dans le champ de la Critique et offriront à l'esprit général de la philosophie, qui paraît manquer d'aliment en sa partie spéculative, un objet d'entretien nouveau et plein de promesses, je peux déjà me représenter par avance que tous ceux que les chemins épineux que je leur ai fait suivre dans la Critique ont irrités et dégoûtés me demanderont sur quoi je peux bien fonder un tel espoir. Je réponds : *sur l'irrésistible loi de nécessité*.

Que l'esprit de l'homme renonce un jour complètement aux recherches métaphysiques, on ne peut pas plus s'y attendre qu'à nous voir un jour suspendre notre respiration pour ne pas toujours respirer un air impur. Il y aura donc toujours au monde, et qui plus est, en tout homme, surtout s'il réfléchit, une métaphysique, que chacun, en l'absence d'un étalon connu de tous, se taillera à sa guise. Or ce qui jusqu'à ce jour s'est appelé métaphysique ne peut satisfaire aucun esprit soucieux de preuve, et pourtant il est également impossible qu'il y renonce complètement ; il faut donc qu'une Critique de la raison pure elle-même fasse l'objet d'une *tentative*, ou bien, si elle existe, d'une *enquête* et d'une mise à l'épreuve générale, car il n'y a aucun autre moyen de donner satisfaction à ce besoin pressant, qui est encore quelque chose de plus qu'un simple désir de savoir.

Depuis que je connais la Critique, je n'ai pu m'empêcher au terme de la lecture d'un livre de métaphysique qui me plaisait tout autant qu'il me cultivait par la précision de ses concepts, par la variété, l'ordre et l'aisance de l'exposé, de me | poser la question : *est-ce que cet auteur a fait progresser la* **368** *métaphysique d'un pas* ? J'en demande pardon aux savants, dont les écrits m'ont été utiles à d'autres égards et ont toujours contribué à la culture de mes facultés mentales, si je confesse que ni dans leurs écrits ni dans les miens (qui ne les valent pas, bien que l'amour-propre parle en leur faveur) je n'ai rien pu trouver qui ait le moindrement fait progresser la science ; et cela pour une raison bien naturelle : c'est que la science n'existait pas encore et qu'il n'est pas non plus possible de la composer de pièces et de morceaux, parce qu'il faut que son germe soit au préalable entièrement préformé dans la Critique. Mais pour prévenir tout malentendu, il faut bien se souvenir de ce qui a été dit précédemment : à coup sûr l'entendement a bien tiré le plus grand profit du traitement analytique complet de nos concepts, mais celui-ci n'a pas fait faire le moindre progrès à la science (à la métaphysique), car ces analyses des concepts ne sont que les matériaux à l'aide desquels la science doit tout d'abord être construite. Ainsi c'est bien beau d'analyser et de préciser le concept de substance et d'accident ; c'est une excellente préparation à quelque usage futur. Mais supposé que je

sois incapable de démontrer qu'en tout ce qui existe la substance demeure et seuls les accidents changent, toute cette
analyse n'aura pas le moindrement fait progresser la science.
Or jusqu'à ce jour la métaphysique n'a pu donner de preuve
valable *a priori* ni de cette proposition, ni du principe de raison
suffisante, encore moins d'une proposition plus complexe,
appartenant par exemple à la psychologie ou à la cosmologie,
ni généralement d'aucune proposition synthétique; dès lors
toute cette analyse n'a abouti à rien, n'a rien produit ni amélioré et, après tant de tumulte et de tapage, la science en est
toujours où elle en était du temps *d'Aristote*, en dépit du fait
que si d'aventure on avait mis la main sur le fil conducteur qui
mène aux connaissances synthétiques, on aurait incontestablement bien amélioré les voies d'accès à cette science.

Si quelqu'un s'estime offensé par cette mise en accusation,
il a beau jeu de la réduire à néant: qu'il veuille bien seulement
citer une seule proposition synthétique appartenant à la métaphysique qu'il s'offre à démontrer *a priori* par la méthode
dogmatique; car c'est seulement dans le cas où il y parvient
que je lui accorderai qu'il a réellement fait progresser la
science, même si cette proposition était d'ailleurs suffisamment confirmée par l'expérience commune. On ne saurait
concevoir exigence plus modeste et équitable, et, dans l'éven-
tualité (immanquablement certaine) où elle ne serait pas
369 satisfaite, verdict | plus justifié que celui-ci: la métaphysique
comme science n'a pas encore existé jusqu'à ce jour.

Au cas où le défi serait relevé, il y a seulement deux choses
que je dois proscrire: la première c'est que l'on mettre en jeu la
probabilité et la conjecture, qui sont aussi déplacées en métaphysique qu'en géométrie; la seconde c'est que pour trancher,

on recoure à la baguette divinatoire du prétendu *bon sens*, qui loin de s'imposer à tous, se règle sur le caractère de chacun.

Car, *en ce qui touche au premier point*, on ne saurait rien trouver de plus absurde que de prétendre, dans une métaphysique, philosophie issue de la raison pure, fonder ses jugements sur la probabilité et la conjecture. Tout ce qui doit être connu *a priori* est, de ce fait même, donné pour certain de manière apodictique et doit donc également être démontré en même façon. Autant vouloir fonder une géométrie ou une arithmétique sur des conjectures ; car en ce qui concerne le *calculus probabilium* de l'arithmétique, ce ne sont pas les jugements probables qu'il contient, mais bien les jugements tout à fait certains sur le degré de possibilité de certains cas en des conditions homogènes données, cas qui dans la somme de tous les cas possibles doivent se produire tout à fait infailliblement en conformité à la règle, bien que cette règle ne soit pas suffisamment déterminée relativement à chaque événement singulier. C'est seulement dans la science empirique de la nature que les conjectures (grâce à l'induction et à l'analogie) sont admissibles, sous réserve toutefois que du moins la possibilité de ce que j'admets soit tout à fait certaine.

En appeler au bon sens est encore plus fâcheux si possible quand il s'agit de concepts et de principes, non pas en tant qu'ils doivent valoir relativement à l'expérience, mais en tant qu'on prétend les donner pour valables également en dehors des conditions de l'expérience. Car qu'est-ce que le *bon sens* ? C'est le *sens commun*, en tant qu'il juge correctement. Or qu'est-ce que le sens commun ? C'et la faculté de la connaissance et de l'emploi des règles *in concreto*, distingué de *l'entendement spéculatif* qui est une faculté de la connaissance des règles *in abstracto*. Ainsi, c'est à peine si le sens commun entendra la règle : tout ce qui arrive est déterminé par sa cause, et il ne la comprendra jamais sous cette forme générale. Ainsi exige-t-il un exemple tiré de l'expérience et quand il apprend que cela ne signifie pas autre chose que ce qu'il a toujours conçu lorsqu'on lui a cassé une vitre | ou qu'un de ses meubles a disparu, alors il comprend le principe et il l'admet. L'emploi du sens commun ne va donc pas plus loin, que le point où il peut voir ses règles confirmées dans l'expérience (règles qui cependant résident en lui *a priori*); discerner ces règles *a priori* et indépendamment de l'expérience relève par conséquent de l'entendement spéculatif et c'est tout à fait au-delà de l'horizon du sens commun. Or c'est uniquement de cette dernière espèce de connaissance que la métaphysique s'occupe et c'est à coup sûr un mauvais signe de bon sens que de se réclamer d'un garant qui est en ce cas tout à fait dépourvu de jugement et que l'on ne fait que regarder par-dessus l'épaule, sauf quand on se voit dans l'embarras et qu'on ne sait quel parti prendre dans sa spéculation.

L'échappatoire à laquelle recourent habituellement ces faux amis du bon sens (qu'ils exaltent à l'occasion, mais qu'ils méprisent ordinairement) consiste à dire : il faut bien qu'il y ait en fin de compte quelques propositions immédiatement certaines et dont on n'ait non seulement aucune preuve à donner, mais même dont on n'ait pas à rendre raison, faute de quoi on n'en aurait jamais fini avec les raisons de ses jugements; mais pour justifier leur droit, hormis le principe de contradiction (mais celui-ci n'est pas suffisant pour prouver la vérité des jugements synthétiques), les seules propositions indubitables qu'ils sont capables de citer comme pouvant être immédiatement imputées au sens commun, ce sont des propositions mathématiques, par exemple : deux fois deux font quatre, entre deux points il n'y a qu'une droite etc. Mais ce sont là des jugements qui diffèrent du tout au tout de ceux de la métaphysique. Car, en mathématiques, tout ce que je me représente comme possible au moyen d'un concept, ma pensée elle-même me permet de le faire (de le construire); à un deux j'ajoute successivement l'autre deux et je fais moi-même le nombre quatre ; ou bien d'un point à un autre, je tire en pensée toutes sortes de lignes et je ne peux en tirer qu'une seule qui est semblable à elle-même en toutes ses parties (qu'elles soient égales ou inégales). Mais toute la force de ma pensée ne me permet pas de faire sortir du concept d'une chose le concept de quelque chose d'autre dont l'existence est liée de façon nécessaire à la première ; il faut que je consulte l'expérience, et bien que ce soit *a priori* (toujours cependant uniquement en référence à l'expérience possible) que mon entendement me procure le concept d'une telle connexion (la causalité), je ne puis cependant le présenter *a priori* dans l'intuition, | comme **371** les concepts de la mathématique, ni par conséquent exposer *a priori* sa possibilité ; pour être valable *a priori*, comme cela est requis en métaphysique, ce concept ainsi que les principes de son application exigent toujours une justification et une déduction de sa possibilité, faute de quoi on ne sait pas jusqu'où s'étend sa validité et si on peut l'employer unique-ment dans l'expérience ou également en dehors de celle-ci. Ainsi en métaphysique, science spéculative de la raison pure, on ne peut jamais invoquer le sens commun ; mais on est en droit de le faire quand on est contraint d'abandonner cette science, renoncer (dans certaines circonstances) à toute connaissance

spéculative pure, qui doit toujours être un savoir, par conséquent aussi à la métaphysique et à son enseignement, et qu'une
croyance rationnelle, seule, se trouve être possible pour nous,
ainsi que suffisante pour notre besoin (même plus salutaire
peut-être que le savoir lui-même). Car à ce moment-là l'aspect
des choses change complètement. Il faut que la métaphysique
soit une science, non seulement dans son tout, mais aussi en
toutes ses parties, sans quoi elle n'est rien; car, en tant que
spéculation de la raison, elle ne prend contenance qu'en des
connaissances universelles et nulle part ailleurs. Cependant,
en dehors de la métaphysique, probabilité et bon sens peuvent
fort bien trouver leur emploi utile et légitime, mais selon des
principes qui leur sont tout à fait propres, dont le poids dépend
toujours du rapport à la pratique.

Voilà ce que je tiens pour fondé à exiger pour la possibilité
d'une métaphysique comme science.

VII

APPENDICE

SUR CE QUE L'ON PEUT FAIRE
POUR LA RÉALISATION SCIENTIFIQUE DE LA MÉTAPHYSIQUE

Comme aucune des voies suivies jusqu'à ce jour n'est parvenue à cette fin, et que celle-ci ne sera jamais atteinte sans une Critique préalable de la raison pure, il ne paraît pas déraisonnable d'exiger que le présent essai que l'on propose à ce sujet soit soumis à un examen précis et minutieux, à moins que l'on juge plus prudent encore de renoncer à toute prétention à la métaphysique, auquel cas, pourvu qu'on demeure fidèle | à sa résolution, il n'y a rien à objecter. A prendre le 372 cours des choses tel qu'il se présente et non tel qu'il devrait se présenter, il y a deux sortes de jugements : *un jugement qui précède la recherche* ; tel est, dans notre cas, le jugement que le lecteur porte, à partir de sa métaphysique sur la Critique de la raison pure (dont la tâche primordiale est de rechercher la possibilité de la métaphysique) ; et il y a d'autre part un autre *jugement, qui suit la recherche*, où le lecteur peut momentanément mettre de côté les conclusions des recherches critiques, susceptibles de contredire assez fortement la métaphysique qu'il admettait jusqu'alors, pour commencer par mettre à l'épreuve les principes qui ont permis de déduire ces conclusions. La première manière de juger serait valable si l'on pouvait rendre certain (comme en géométrie par exemple) ce qu'expose la métaphysique commune ; car si les conséquences de certains principes contredisent des vérités établies, c'est que ces principes sont faux et à rejeter sans autre examen. Mais s'il se trouve que la métaphysique ne possède pas une provision de propositions (synthétiques) incontestablement certaines, s'il se peut même que quantité d'entre elles, aussi spécieuses que les meilleures, ne s'en contredisent pas moins dans leurs conséquences, si on ne peut y trouver nulle part absolument aucun critère sûr de la vérité des propositions proprement métaphysiques (synthétiques), alors la première manière de juger n'a pas lieu d'être, et il faut que l'enquête sur les principes de la Critique précède tout jugement sur sa valeur ou sa non-valeur.

SPÉCIMEN DE JUGEMENT
SUR LA CRITIQUE QUI EN PRÉCÈDE L'EXAMEN

C'est un jugement de ce genre qu'on peut trouver dans les *Annonces savantes de Goettinguen*, troisième article du Supplément, du 19 janvier 1782, p. 40 et suivantes.

Quand un auteur qui connaît bien le sujet de son œuvre, qui n'a cessé de s'appliquer à mettre en œuvre dans son élaboration une réflexion personnelle, tombe aux mains d'un critique qui pour sa part est assez pénétrant pour dépister ce dont dépend proprement la valeur ou la non-valeur de l'ouvrage, qui s'en prend au fond sans s'arrêter aux mots et se contente* d'examiner et de mettre à l'épreuve les principes dont l'auteur est parti, il se peut que la sévérité du jugement déplaise à l'auteur, mais le public n'y est | pas sensible, car il y 373 gagne; et l'auteur lui-même peut se réjouir d'avoir l'occasion d'apporter rectification ou éclaircissement à ses travaux qu'un connaisseur n'a pas tardé à examiner; de la sorte, s'il estime avoir raison au fond, il peut écarter en temps utile la pierre d'achoppement qui par la suite pourrait faire tort à son ouvrage.

Je me trouve en une toute autre situation avec mon critique. Il ne paraît pas du tout apercevoir de quoi il était proprement question dans la recherche à laquelle je me suis livré (avec ou sans succès); est-ce une impatience à devoir embrasser par la pensée un ouvrage étendu, ou bien mauvaise humeur provoquée par la menace d'une réforme d'une science où il croyait avoir depuis longtemps tout tiré au clair, ou encore, hypothèse que je forme à regret, est-ce la faute d'une conception réellement étriquée qui lui interdit à jamais de dépasser sa métaphysique d'école? Toujours est-il qu'il parcourt impétueusement une longue série de propositions à propos desquelles il est tout à fait impossible de penser quoi que ce soit sans connaître leurs prémisses, dissémine ici et là sa réprobation, dont le lecteur ne voit pas plus la raison qu'il ne comprend les propositions auxquelles elle s'applique; donc il ne peut être utile au public qu'il ne renseigne pas, ni me faire le

---

* (NdT) On choisit la correction de Natorp (*bloss* à la place de *nicht*). Le critique s'en tient aux principes, sans entrer dans le détail de l'œuvre.

moindre tort dans le jugement des connaisseurs; aussi aurais-je complètement passé sous silence ce jugement, s'il ne me donnait l'occasion de quelques éclaircissements qui sur certains points pourraient garder de méprise le lecteur de ces Prolégomènes.

A seule fin d'adopter un point de vue lui permettant de présenter aux moindres frais l'ensemble de l'ouvrage sous un jour défavorable à l'auteur, sans avoir à se mettre en peine d'une quelconque recherche particulière, voici quel est le premier et le dernier mot du critique : «cette œuvre est un système d'idéalisme transcendant» (ou, selon sa traduction, d'idéalisme supérieur) [1].

374 |Au premier coup d'œil sur cette ligne, j'ai vu quel compte-rendu allait en sortir : à peu près ce que pourrait dire quelqu'un qui n'aurait jamais entendu parler de géométrie et n'en aurait rien vu, qui trouverait un Traité d'Euclide et serait prié de porter son jugement sur ce livre; sensible, en le feuilletant, au nombre de figures, il pourrait dire : «Ce livre est une

---

1. Pas du tout *supérieur*. De hautes tours et les grands de la métaphysique qui leur ressemblent, autour desquels il y a d'ordinaire beaucoup de vent, là n'est pas mon affaire. Ma place c'est le fertile *Bathos* de l'expérience, et le mot transcendantal, dont le critique n'a même pas saisi la signification que j'ai indiquée à maintes reprises (tant il a tout examiné de façon superficielle), ne désigne pas du tout ce qui dépasse toute expérience; assurément il désigne ce qui la précède (*a priori*), mais qui pourtant n'a pas d'autre destination que de rendre possible la connaissance par expérience. Lorsque ces concepts dépassent l'expérience, alors leur usage est qualifié de transcendant, et il est distingué de l'usage immanent, c'est-à-dire restreint à l'expérience. L'ouvrage a suffisamment prémuni contre toutes les méprises de cette espèce; mais le critique trouvait avantage aux méprises.

initiation systématique au dessin ; l'auteur se sert d'un langage spécial pour donner des préceptes obscurs, incompréhensibles, qui finalement ne mènent à rien de plus que ce qu'un bon coup d'œil naturel permet à chacun d'obtenir, etc. ».

Voyons pourtant quel est cet idéalisme qui parcourt toute mon œuvre, bien qu'il ne constitue pas encore, tant s'en faut, l'âme du système.

La thèse de tous les idéalistes véritables, depuis l'école éléate jusqu'à l'évêque *Berkeley* est contenue dans cette formule : « Toute connaissance obtenue par les sens et l'expérience est simple apparence, et il n'est de vérité que dans les Idées de l'entendement et de la raison pure ».

Le principe qui régit et détermine de part en part mon idéalisme est au contraire le suivant : « Toute connaissance des choses qui provient uniquement de l'entendement pur ou de la raison pure est simple apparence et il n'est de vérité que dans l'expérience ».

Or c'est exactement le contraire de l'idéalisme tel que nous venons de le définir proprement ; comment en suis-je donc venu à me servir de ce terme dans une intention toute opposée, et comment le critique en est-il venu à le voir partout ?

La solution de cette difficulté repose sur quelque chose que l'on aurait pu aisément, si on l'avait voulu, dégager de l'ensemble de l'œuvre. Espace et temps, ainsi que tout ce qu'ils contiennent, ne sont pas les choses ou leurs propriétés considérées en elles-mêmes, mais appartiennent simplement aux phénomènes des choses ; jusque là, ma profession de foi est la même que celle des idéalistes dont nous avons parlé. Mais eux, et c'est le cas de Berkeley en particulier, ils considéraient l'espace comme une représentation simplement empirique qui, tout de même que les phénomènes qu'il contient, ne nous est connu, avec toutes ses déterminations, que grâce à l'expérience ou perception ; | moi, au contraire, je commence par montrer que l'espace (ainsi que le temps, auquel *Berkeley* n'avait pas pris garde), avec toutes ses déterminations, peut être connu de nous *a priori*, parce qu'il nous est présent, ainsi que le temps, à titre de forme pure de notre sensibilité avant toute perception ou expérience et qu'il rend possible toute intuition de cette sensibilité, par suite également tous les phénomènes. En conséquence, comme la vérité repose sur des lois universelles et nécessaires qui en sont les critères, l'expérience chez *Berkeley* ne peut avoir de critères de vérité puisqu'il n'a assigné aux phénomènes de cette expérience rien d'*a priori* comme principe ; il s'ensuit qu'ils ne sont qu'apparence, alors que pour nous, au contraire, espace et temps (en conjonction avec les purs concepts d'entendement) prescrivent *a priori* à toute expérience possible sa loi, qui procure en même temps le sûr critère qui permet de distinguer en elle la vérité de l'apparence [1].

Mon idéalisme prétendu (il est proprement critique) est donc d'une espèce tout à fait particulière : il ruine l'idéalisme

---

[1]. L'idéalisme proprement dit a toujours eu une intention visionnaire, et il ne peut même en avoir d'autre ; alors que le mien vise uniquement à concevoir notre connaissance *a priori* d'objets de l'expérience, ce qui est un problème qui n'a encore jamais été résolu, bien plus, qui n'a même pas été posé. Or, du coup, tout l'idéalisme visionnaire se trouve ruiné, lui qui concluait toujours (comme on peut déjà le voir chez *Platon*) de nos connaissances *a priori* (même de celles de la géométrie) à une autre intuition que l'intuition sensible (à savoir une intuition intellectuelle), parce qu'il ne venait pas à l'esprit que les sens également devaient intuitionner *a priori*.

habituel, il est le premier à procurer à toute connaissance *a priori*, même celle de la géométrie, une réalité objective que même les réalistes les plus fervents ne pourraient nullement soutenir à défaut de la démonstration que j'ai donnée de l'idéalité de l'espace et du temps. Les choses en étant là, je souhaiterais, afin de prévenir tout malentendu, trouver pour ma conception une autre dénomination; mais il ne paraît guère praticable d'en changer entièrement. Qu'il me soit donc permis de l'appeler dorénavant, comme je l'ai déjà fait ci-dessus, idéalisme formel, ou mieux encore *idéalisme critique*, pour le distinguer de l'idéalisme dogmatique de *Berkeley* et de l'idéalisme sceptique de *Descartes*.

C'est tout ce que je trouve à retenir du compte-rendu de mon livre. D'un bout à l'autre, le critique juge « en gros », | manière habilement choisie pour ne trahir ni son savoir, ni son **376** ignorance; un seul jugement développé « en détail », s'il avait, comme de juste, touché à la question principale, aurait révélé peut-être mon erreur, peut-être aussi le degré de pénétration du critique dans ce genre de recherches. C'était aussi une manœuvre assez bien calculée pour ôter sans tarder le plaisir de lire le livre lui-même à des lecteurs accoutumés à ne se faire une idée des livres que par les comptes-rendus de journaux que de débiter à la file tout d'une haleine quantité de propositions qui ne sauraient manquer de paraître absurdes lorsqu'on les sépare du contexte de leurs démonstrations et explications (surtout s'agissant de celles-là, tellement aux antipodes de toute métaphysique scolastique), de lasser la patience du lecteur jusqu'au dégoût et ensuite, après avoir porté à ma connaissance la spirituelle proposition que l'apparence continuelle est vérité, de conclure sur cette leçon, rude mais paternelle : à quoi mène le combat contre le langage communément reçu, à quoi mène et d'où vient la distinction idéaliste ? Jugement qui met finalement toute l'originalité de mon livre, lequel devait d'abord être métaphysiquement hérétique, dans une simple innovation de langage et qui montre clairement que mon prétendu juge n'y a rien compris et de surcroît ne s'est pas bien compris lui-même [1].

Cependant ce critique parle en homme qui doit être détenteur de connaissances importantes et supérieures, mais qu'il tient encore cachées; car en matière de métaphysique rien n'a été récemment porté à ma connaissance qui justifie un ton pareil. Mais là-dessus il a bien tort de priver le monde de ses découvertes, car il arrive certainement à d'autres que moi de ne pouvoir trouver que toutes ces belles choses, qui ont été
377 écrites dans ce domaine depuis longtemps, aient fait, | si peu que ce soit, progresser la science. Du reste, aiguiser les définitions, munir les preuves boiteuses de béquilles neuves, procurer au centon de la métaphysique des pièces neuves ou une coupe nouvelle, cela se trouve bien encore, mais ce n'est pas ce que réclame le monde. Le monde est rassasié d'assertions

---

1. C'est avec son ombre que le critique se bat le plus souvent. Lorsque j'oppose la vérité de l'expérience au rêve, il ne lui vient pas à l'idée qu'il ne s'agit ici que du *somnium objective sumptum* bien connu de la philosophie wolfienne, lequel est simplement formel : la différence entre le sommeil et la veille n'y est nullement prise en considération et il n'est même pas possible qu'elle le soit dans une philosophie transcendantale. Au reste il qualifie ma déduction des catégories et la table des principes de l'entendement de «principes bien connus de la Logique et de l'ontologie, exprimés de manière idéaliste». Il suffit au lecteur de consulter là-dessus ces Prolégomènes pour se convaincre qu'on ne saurait porter un jugement plus misérable et même plus incorrect historiquement.

métaphysiques ; ce qu'on veut, c'est la possibilité de cette science, les sources permettant d'y puiser la certitude, et c'est avoir des critères sûrs pour distinguer de la vérité l'apparence dialectique de la raison pure. Le critique doit posséder la clé de tout cela, sans quoi jamais il n'aurait élevé le ton comme il l'a fait.

Mais j'en viens à soupçonner qu'il est peut-être impossible qu'une telle exigence de la science lui soit jamais venue à l'esprit, car autrement il aurait centré son appréciation là-dessus et une tentative, même manquée, en une affaire si importante, se serait attiré son estime. Si tel est le cas, nous nous retrouvons bons amis. Qu'il s'engage aussi avant que bon lui semble dans sa métaphysique, nul ne l'en empêchera ; mais il ne saurait porter un jugement sur ce qui se situe en dehors de la métaphysique : la source de celle-ci qui se trouve dans la raison. Mais que mon soupçon ne soit pas sans fondement, j'en vois la preuve dans le fait qu'il ne souffle mot de la possibilité de la connaissance synthétique *a priori*, qui était proprement le problème sur la solution duquel repose entièrement la destinée de la métaphysique, et qui était le point d'aboutissement de toute ma Critique (aussi bien que des présents Prolégomènes). L'idéalisme, qu'il a montré du doigt et auquel il est aussi demeuré accroché, n'avait été admis dans le système que comme l'unique moyen de résoudre ce problème (encore qu'il ait tenu d'autres raisons sa confirmation) ; aussi aurait-il dû montrer : soit que ce problème n'a pas l'importance que je lui attribue (encore maintenant dans les Prolégomènes), soit que ma conception des phénomènes ne peut le résoudre ou encore qu'il peut être mieux résolu d'une autre manière ; mais là-dessus je ne trouve pas un mot dans sa recension. Ainsi le critique n'a rien compris à mon livre et peut-être même n'a-t-il rien compris à l'esprit et à l'essence de la métaphysique ; à moins que plutôt – je préfère le croire – la hâte à recenser, indignée de tant d'obstacles à surmonter, n'ait jeté une ombre préjudiciable sur l'œuvre qui lui était soumise et ne lui en ait masqué les éléments.

378 | Il s'en faut encore beaucoup qu'un journal savant, quelque soit le soin qu'il prenne à bien choisir ses collaborateurs, puisse affirmer aussi bien dans le domaine de la métaphysique qu'il le fait en d'autres domaines l'autorité d'ailleurs méritée dont il jouit. C'est que les autres sciences et connaissances possèdent leur étalon de mesure. La mathématique porte le sien en elle-même, l'histoire et la théologie le trouvent en des livres profanes ou sacrés, la science de la nature et la médecine dans la mathématique et l'expérience, le droit dans les codes, et même les choses du goût dans les modèles des Anciens. Mais, pour l'appréciation de cette chose qui se nomme métaphysique, il faut d'abord que soit trouvé l'étalon de mesure (j'ai fait un essai pour déterminer cet étalon ainsi que son emploi). Or, tant qu'il n'est pas trouvé, que faire quand il faut cependant porter un jugement sur des écrits de ce genre ? S'ils sont de l'espèce dogmatique, on peut faire ce qu'on veut : qui se posera en maître à l'égard des autres ne tardera guère à trouver quelqu'un qui lui rende la pareille. Mais s'ils sont de l'espèce critique, et pour préciser, si ce ne sont pas d'autres écrits, mais la raison elle-même qu'ils ont en vue, de sorte que l'étalon d'appréciation n'est pas déjà reçu, mais qu'il faut le chercher, en ce cas on peut admettre l'objection et le blâme, mais il faut que l'esprit de conciliation en soit le principe, puisque le besoin est commun et que le défaut de la lumière requise rend irrecevable l'autorité tranchante d'un juge.

Mais pour rattacher ma plaidoirie à l'intérêt de la communauté philosophante, je propose une épreuve qui est décisive sur la manière dont il faut diriger toutes les recherches philosophiques vers leur but commun. Ce n'est rien d'autre que ce que de leur côté les mathématiciens ont réussi à faire en concourant pour décider de la supériorité de leurs méthodes, je veux dire une sommation faite à mon critique de prouver à sa manière, mais en recourant, comme il convient, à des principes *a priori*, l'une quelconque des thèses vraiment métaphysiques, c'est-à-dire synthétiques et connues *a priori* par concepts, qu'il soutient, à la rigueur même l'une des plus indispensables, par exemple le principe de la permanence de la substance ou de la détermination nécessaire des événements du monde par leur cause. S'il en est incapable (mais le silence est un aveu), il faut qu'il convienne que, la métaphysique n'étant rien sans la certitude apodictique de propositions de cette espèce, la possibilité ou l'impossibilité d'une telle certitude doit d'abord être établie avant toute autre | chose dans une Critique de la raison **379** pure ; il est donc tenu, soit de reconnaître que mes principes dans la Critique sont corrects, soit de prouver qu'ils ne sont pas valables. Mais comme je prévois déjà que, si peu soucieux qu'il ait été jusqu'à ce jour de la certitude de ses principes, la rigueur de l'épreuve est telle qu'il n'en trouvera même pas un seul dans tout le domaine de la métaphysique qui lui permette de se présenter avec assurance, je veux lui consentir la condition la plus avantageuse qu'on puisse espérer dans un concours, en le dispensant de *l'onus probandi* pour m'en charger.

Il trouve en effet dans les présents Prolégomènes et dans ma Critique[1] huit propositions qui s'opposent deux à deux, mais dont chacune appartient nécessairement à la métaphysique; il doit soit l'admettre soit la réfuter (encore qu'il n'y en ait aucune qui n'ait été admise en son temps par quelque philosophe). Je le laisse libre de choisir à son gré l'une de ces huit propositions et de l'admettre sans preuve (je lui en fais grâce); mais qu'il en retienne une seule (car gaspiller son temps lui sera aussi peu profitable qu'à moi) et qu'il s'en prenne à la preuve que j'ai donnée de son antithèse. Si malgré son attaque je suis capable de la sauver et de montrer ainsi que, selon les principes que doit reconnaître nécessairement toute métaphysique dogmatique, on peut tout aussi clairement prouver le contraire de la proposition qu'il a adoptée, alors il est établi du même coup qu'il y a dans la métaphysique un vice héréditaire qu'il est impossible d'expliquer, encore moins de supprimer, à moins de remonter à son lieu de naissance: la raison pure elle-même; et ainsi, il faut soit admettre ma critique, soit la remplacer par une meilleure; à tout le moins faut-il l'examiner avec soin, et pour l'instant, je n'en demande pas plus. Si, au contraire, je ne puis sauver ma preuve, c'est qu'une proposition synthétique *a priori* tirée de principes dogmatiques, est fermement établie du côté de mon adversaire, c'est par conséquent que ma mise en accusation de la métaphysique commune était injustifiée et je m'engage à reconnaître qu'il a légitimement blâmé ma critique (encore que telle ne devrait pas être la conséquence, tant s'en faut). Mais pour

---

1. *Kritik*, A 426-461 = B 454-489; Ak. III, 294-320; TP, 338-357.

cela, il faudrait, me semble-t-il, *qu'il sorte de l'incognito*, faute de quoi je ne vois pas comment empêcher qu'au lieu d'être confronté à un unique problème, ce soit de bien davantage que des adversaires à la fois sans | nom et sans **380** compétence m'honorent ou m'accablent.

PROPOSITION POUR UN EXAMEN DE LA CRITIQUE
QUI PUISSE PRODUIRE UN JUGEMENT

Je dois au public savant des remerciements même pour le silence dont il a honoré ma Critique durant un bon moment, car ce silence prouve une suspension du jugement, et donc une certaine présomption que, dans une œuvre qui délaisse tous les sentiers battus pour en prendre un où l'on ne se repère pas tout de suite, il pourrait bien y avoir pourtant quelque chose qui soit capable de restituer vie et fécondité à une branche maîtresse mais aujourd'hui morte des connaissances humaines; il est donc la preuve d'une circonspection visant à ne pas briser et détruire la greffe encore tendre par un jugement précipité. Un exemple de jugement retardé pour de telles raisons vient seulement de me tomber sous les yeux dans la Gazette savante de Gotha; tout lecteur en apercevra de lui-même la solidité (sans tenir compte de l'éloge que j'en fais, en l'occurrence suspect) à partir de la présentation claire et fidèle d'un passage qui a trait aux premiers principes de mon ouvrage.

Là-dessus je propose, puisqu'il est impossible qu'un examen rapide permette d'apprécier d'un coup dans son ensemble un vaste édifice, de l'examiner pièce par pièce en partant de ses fondements, et de se servir pour cela des présents Prolégomènes comme d'un abrégé général auquel on pourrait occasionnellement confronter l'œuvre elle-même. Si cette requête n'avait d'autre fondement que l'idée que je me fais, celle que la vanité accorde habituellement à toutes les productions personnelles, elle serait inconvenante et mériterait d'être rejetée avec indignation. Mais tel est à ce jour l'état de la philosophie spéculative en son métier qu'il confine au dépérissement, bien que la raison humaine y demeure attachée par une inclination impérissable qui n'essaie de nos jours, bien en vain, de se transformer en indifférence que parce qu'elle ne cesse d'être déçue.

En un siècle de pensée comme le nôtre, il serait inconcevable que nombre d'hommes de mérite ne saisissent pas toute bonne occasion de collaborer à l'intérêt de la raison qui s'éclaire toujours davantage, pourvu que se montre **381** quelque espoir | de parvenir ainsi au but. Mathématique, science de la nature, lois, arts, morale même, etc. ne parviennent pas à combler l'âme entièrement, il reste toujours en elle une place désignée pour la seule raison pure et spéculative, et son vide nous contraint à chercher dans des sottises, des bagatelles, ou même des divagations, en apparence une occupation et un amusement, en réalité un simple divertissement pour assourdir l'appel importun de la raison ; car ce que celle-ci réclame conformément à sa destination ce n'est pas quelque chose qui la mette au service d'autres desseins ou de l'intérêt des inclinations, mais un objet en lui-même capable de la contenter. Voilà pourquoi une méditation qui se rapporte à ce seul domaine de la raison en son indépendance prend, précisément du fait qu'en ce domaine il faut que toutes les autres connaissances et même toutes les autres fins se rejoignent et s'unissent en un tout, à ce que je présume avec fondement, un grand attrait pour quiconque n'a fait qu'essayer d'élargir de cette façon ses concepts, et je peux bien dire un attrait plus grand que tout autre savoir théorique qu'on ne changerait pas facilement pour celui-là.

Mais si je propose ces Prolégomènes comme plan et comme fil conducteur de la recherche au lieu de l'ouvrage lui-même, c'est parce que tout en étant aujourd'hui encore pleinement satisfait de ce dernier en ce qui concerne le contenu, l'ordre, la méthode et le soin accordés à chaque proposition pour la peser et examiner avant de la proposer (car il m'a fallu des années pour me satisfaire pleinement non seulement de l'ensemble, mais même en certains cas d'une seule proposition relativement à ses sources), en revanche, en quelques sections de la théorie des éléments, par exemple dans la déduction des concepts de l'entendement ou dans la section qui traite des paralogismes de la raison pure, mon exposé ne me satisfait pas tout à fait parce qu'une certaine prolixité y fait tort à la distinction; on peut donc leur substituer pour en faire la base de l'examen ce que les présents Prolégomènes disent à propos de ces sections.

On fait aux Allemands la réputation d'aller plus loin que d'autres peuples en ce qui exige persévérance et application soutenue. Si cette opinion est fondée, il se présente ici une occasion de parachever une entreprise dont l'heureuse issue est à peine douteuse et à laquelle tous les hommes qui pensent prennent un égal intérêt, lors même qu'elle n'a pas abouti jusqu'à ce jour, et une occasion de confirmer cette avanta-geuse opinion; surtout que la science dont il s'agit est d'espèce si particulière qu'elle peut être portée d'un seul coup | à son **382** entière perfection et à un *état de stabilité* tel qu'elle ne tolère la moindre progression et qu'une découverte ultérieure ne saurait l'accroître ni même seulement la changer (je ne mets pas ici en ligne de compte le fignolage résultant d'une distinction accrue çà et là ou de profits ajoutés à des fins de toutes sortes); avantage que ne possède ni ne peut posséder aucune autre science, parce qu'aucune ne concerne une faculté de connaissance aussi complètement isolée, aussi indépendante des autres et aussi pure de tout mélange avec elles. Il semble même que le moment présent ne soit pas défavorable à la prétention que j'émets, car de nos jours en Allemagne, en dehors des sciences dites utiles, on ne sait pas trop à quoi s'employer qui ne soit pas un simple jeu mais une occupation sérieuse permettant d'atteindre une fin durable.

Il me faut laisser à d'autres le soin de trouver les moyens propres à conjuguer en vue d'une telle fin les efforts des savants. Cependant mon intention n'est pas d'exiger de quiconque qu'il se contente d'adopter mes thèses, non plus même que de me flatter d'une telle espérance, mais il pourrait arriver que s'y rapportent, selon le cas, des attaques, des reprises, des restrictions ou encore une confirmation, un complément et un élargissement : pourvu que la question soit examinée à fond, dès lors il ne peut manquer d'arriver qu'un système se constitue, lors même que ce ne serait pas le mien, qui puisse devenir un héritage pour la postérité qui aura sujet de s'en montrer reconnaissante.

A quelle métaphysique on peut s'attendre dans la suite pourvu qu'on commence par se mettre en règle avec les principes de la critique, et comment il ne saurait nullement se faire qu'elle apparaisse misérable et réduite à faire pâle figure parce qu'on l'aura dépouillée de son faux plumage, mais

qu'elle puisse au contraire apparaître richement et convena-
blement dotée pour une autre fin, ce serait trop long à montrer
ici ; mais ce qui saute aussitôt aux yeux, ce sont les autres avan-
tages considérables qu'une telle réforme entraînerait. La métaphysique commune faisait déjà œuvre utile en recherchant les
concepts élémentaires de l'entendement pur pour les rendre
distincts par l'analyse et précis par les définitions. Elle
devenait par là une culture pour la raison, qui pouvait se
trouver bien d'y recourir encore par la suite. Mais c'était là
tout le bien qu'elle faisait. Car elle ramenait à rien ce mérite
en favorisant la présomption par des assertions téméraires, la
sophistique par des faux fuyants et palliatifs subtils, | et, par sa **383**
légèreté à escamoter avec un peu de scolastique les problèmes
les plus difficiles, la platitude, qui est d'autant plus séduisante
qu'elle peut mieux choisir d'emprunter d'un côté au langage
de la science et de l'autre à la popularité et que de cette façon
elle est tout pour tous, alors qu'en fait elle n'est rien du tout. Au
contraire la critique assigne un étalon à notre jugement, qui
permet de distinguer avec sûreté entre le savoir et l'apparence
du savoir si elle est pleinement pratiquée en métaphysique,
elle fonde une manière de penser qui étend ensuite son
influence bienfaisante sur tout autre usage de la raison et qui
commence par inspirer le véritable esprit philosophique. Il ne
faut pas d'autre part sous-estimer le service qu'elle rend à la
théologie en l'affranchissant du jugement de la spéculation
dogmatique et en la mettant du même coup complètement à
l'abri de toutes les attaques d'adversaires de ce genre. Car la
métaphysique commune pouvait bien lui promettre grand
secours, elle n'en était pas moins incapable ensuite de tenir
cette promesse et par dessus le marché, en appelant à son

secours la dogmatique spéculative, elle n'avait rien fait d'autre que d'armer un ennemi contre elle-même. La divagation mystique qui, en un siècle de lumière, ne peut se produire qu'en se cachant derrière une métaphysique d'école, à l'abri de laquelle elle peut se risquer à déraisonner avec la raison, si l'on peut dire, est chassée de ce dernier refuge qui lui reste par la philosophie critique, et par dessus tout cela il ne peut qu'importer à qui enseigne la métaphysique de pouvoir se mettre à dire que ce qu'il expose est enfin désormais une *science* et que, du coup, elle est réellement profitable à la communauté.

INDEX DES NOMS PROPRES *

* Dans ces deux index, les chiffres renvoient à la pagination de l'Akademie Ausgabe signalée en marge du texte – ce qui permet une localisation plus précise et un éventuel report au texte allemand.

Les chiffres en italiques renvoient aux notes de la page de l'édition AK.

INDEX ANALYTIQUE DES NOTIONS

affectent) 290; pure philosophique 266; en général,
physique et métaphysique
265 *sq.*; métaphysique 266-
274; par raison pure =
synthétique 276; synthétique
a priori 277, 365; théorique
279; intellectuelle *316* (v.
Intuition intellectuelle); ses
éléments 323; l'idée de son
tout 349, par analogie 357; –
(pure) de la nature : sa partie
philosophique 295; possible *a
priori* 296; empirique 306; v.
Science pure de la nature

Connexion : 311; de la cause et
de l'effet 257, 260, des intuitions (phénomènes) en une
expérience 305, 309 *sq.*; arbitraires 313; logique 304

Conscience : empirique ou en
général 300, 304, 312; ses
degrés 307; son indivisibilité
335

Construction : v. *Concepts*

Contingence ≠ nécessité : 339,
363

Contradiction (principe de) :
267, 270, 272, 275, 277,
370; = principe commun des
jugements analytiques 267 *sq.*

Corps : 266 *sq.*, 289, 337; v.
Phénomènes

Cosmologique : v. *Idées*

Critique : comme science
261 *sq.*, 365 *sq.*; de la raison

263, 360; *de la raison pure*
261 *sq.*, 266, 274, *305*, *306*,
316, 318, *325*, *326*, 329, 335,
338, 348, 364, 372 *sq.*; de
l'entendement 270, 304, 331;
des principes de la raison 351;
et la métaphysique d'école
366; v. *Idéalisme, Philosophie*

Croyance rationnelle (ou raisonnable) [*vernünftiger Glaube*] :
278, 371

Degré : = grandeur de la qualité
309; 306 *sq.*, 309

Déduction : des catégories
260, 260, *376*, 381, *cf.* 370;
transcendantale de l'espace et
du temps 285

Déisme : 355, 358

Dialectique : *276*, 330, 332, 340,
350, 351, 362; art 365; v.
Apparence; conclusions 362;
emploi d. de la raison 348;
tentatives 353

Dieu : v. *Être suprême*

Discursif (= par concepts ≠
intuitif) : 281, 295, 333; v.
Entendement

Divagation (mystique)
[*Schwärmerei*] : 383, 317,
381; v. *Visionnaire*

Divisibilité (à l'infini) : 340, 342

Dogmatique : bavardage 366;
concepts 361; écrits 378;
idéalisme, 375; métaphysique

TABLE DES MATIÈRES